은혜 아니면

당신이 하나님을 더 깊이 알아 가고 더 널리 알리는 사람이 되는 것, 이 책에 담긴 예수전도단의 마음입니다. 말씀을 통해 저자가 깨닫고, 원고를 통해 저희가 누릴 수 있었던 그 감동이 책을 통해 당신에게도 전해지기 원합니다. 그리고 당신을 통해 그 기쁨과 은혜가 더 많은 이에게 계속해서 흘러가기를 기도하겠습니다. 이 책을 통해 당신이 받은 은혜를 다른 분들에게도 나눠 주십시오. 사랑하고 축복합니다.

ⓒ 송석홍 2018

본 저작물의 저작권은 도서출판 예수전도단에 있습니다.
저작권법에 의해 보호받는 저작물이므로 무단 전재와 복제를 금합니다.

# 은혜 아니면

송석홍 지음

하나님이 능히
모든 은혜를 너희에게
넘치게 하시나니

예수전도단

| 추천사

내가 송석홍 목사를 만난 것은 장로회신학대학교 신대원에 입학한 때이다. 후덕하게 생긴 얼굴에 걸쭉한 목소리는 나에게 강한 인상을 주었고, 함께 길을 가면 좋을 친구요 동역자로 여겨졌다. "빨리 가려면 혼자 가고 멀리 가려면 함께 가라."는 말이 있듯이 멀고 먼 목회자의 길을 이 친구와 함께 가면 멀지 않으리라고 느꼈다.

이 책에도 자세하게 기록하고 있지만 그는 C.C.C에서 신앙과 교육의 훈련을 다양하게 경험한 터라 신학수업에도 잘 적응했고, 그런 경험이 없는 나에게는 상당한 도전과 가르침이 되었다. 언제나 내가 그를 가까이 하도록 영적 매력을 풍겼다. 그래서 나는 그를 좋아했고 급우로, 기도의 동지로 그리고 학우회(당시는 군사정권 시절이라 학도호국단이라 불렀다)의 회장과 총무로 함께 섬겼다.

내가 만난 송석홍 목사는 '기도의 사람'이다. 그가 예수를 믿은 이후 대학교를 졸업할 때까지 할 수 있는 것은 오로지 기도뿐이었다. 이런 기도할 수밖에 없는 환경은 하나님께서 그에게 고난 가운데 주신 가장 큰 복이었다고 본다. 그와 더불어 몇몇 기도의 동지들은 당시에 광나루에 위치한 신학교 위쪽 아차산에 있던 기도원에 자주 함께 가서 목을 놓아 하나님을 부르곤 하였다. 그가 대학교 재학시절 ROTC를 하면서 겪은 '20만원 사건'은 신대원 1학년 시절 그의 입을 통해 들었던, 지금도 생생하게 기억하고 있는 기도의 열매이다. 5만 번의 기도를 응답받았다는 죠지 뮬러와 수의 차이는 있지만, 그는 수많은 기도의 응답을 받은 기도꾼이다. 나는 그것을 가장 부러워했다.

내가 만난 송석홍 목사는 정통적인 '신학의 사람'이다. 김준곤 목사님을 통하여 정통적인 신앙 수업을 받은 그는 균형 잡힌 신학의 길을 걷고 그 길을 벗어나지 않았다. 나는 늘 "모든 목회자는 신학자이다."라고 말한다. 신학이 없이는 설교 한 편도 만들 수 없고 할 수 없기 때문이다. 그래서 좋은 설교는 바른 신학이 뒷받침이 되어야 한다. 그의 설교는 언제나 신학의 정도를 벗어나지 않으면서 열정과 기도의 힘이 느껴진다.

내가 만난 송석홍 목사는 '바른 인격의 사람'이다. 그가 섬기던 청주 상당교회를 사임하고 미국의 학업과 목회를 위해 떠날 때도 깨끗하게 마무리를 하고 떠났고, 다시 한국으로 돌아와서 같은 지역에서 교회를 개척할 때도 이전 교회에 폐해를 주지 않고 개척한 교회에 전념을 했다. 시간이 흘러 명예롭게 은퇴하는 그를 보며 존경받기에 부족함이 없고, 바른 인격을 품은 목회자라는 사실을 다시 한 번 깨달았다.

내가 만난 송석홍 목사는 '성공한 목회자'이다. 성공은 오리와 같다고 한다. 겉으로는 유연하게 물위를 떠다니지만, 보이지 않는 물속에서 오리발은 잠시도 쉬지 않기 때문이다. 그는 어디에서 어떤 일이 주어지더라도 보이지 않는 곳에서 끊임없이 물갈퀴를 쉬지 않고 저었다. 언젠가 잠시 미국을 방문해 만났을 때도 누구나 어렵다는 이민목회를 열정적으로 연구하며 자신이 행복해 하는 목회를 하는 것을 보았다. 그래서 그를 행복한 목회자라고 칭하고 싶다.

오래 전 어느 목회자 세미나에서 은퇴한 한경직 목사님께서 젊은 목사의 질문을 받는 것을 본적이 있다.

"목사님의 목회 성공의 비결이 무엇입니까?"

그 때 한경직 목사님은 대답없이 한참이나 고개를 숙이고 계시다가 이렇게 말씀하셨다.

"나는 한 번도 내가 성공자라고 생각해 본 적이 없습니다. 내가 목회 성공자인지 시골에서 작은 교회를 목회한 목회자가 성공자인지 하나님의 나라에 가 봐야 알겠습니다."

내가 본 송석홍 목사는 목회 성공자이다. 어느 곳에서든 있는 곳에서 최선을 다했으며, 누구보다 자신이 행복한 목회를 했기 때문이다.

/ 이성희 목사(예장 전 총회장, 연동교회 담임)

성경인물, 노아를 서술하면서 처음으로 '은혜'라는 단어가 사용되었습니다(창 6:8) 그 후에 아브라함으로(창 18:3) 다윗(행7:46), 그리고 바울(고전 15:10, 갈 1:15), 디모데(딤전 1:14)에 이르기까지 모든 성경의 인물들은 오직 하나님 은혜의 사람들이었습니다.

성도의 삶에서 은혜를 빼면 무엇으로 그 삶을 표현할 수 있을까요! 송석홍 목사님은 특히 그 하나님의 은혜가 두드러집니다. 소대장으로 군 복무를 하실 때, 모든 대대원 700명과 예배드리는 은혜를 주셨습니다. 그리고 군 역사상 처음으로 이뤄진 300명의 군 세례식이 목사님의 주도로 이뤄지게 되었습니다. 그렇게 시작된 하나님의 은혜는 그 이후에 C.C.C 간사 생활의 풍성함으로, 신학 후 청주 상당교회 담임목회지의 부흥으로, 미국 새순교회의 이민목회 성공으로, 그리고 한국으로 돌아오셔서 개척하신 중부명성교회의 도약으로 계속 꽃을 피웠습니다.

귀한 것은 그렇게 된 원인이 본인에게 있지 않다고 스스로 말씀하시는 것입니다. 추운 겨울에 집에서 쫓겨나 울고 떠는 소년을 잊지 않으신 하나님의 은혜뿐이라 고백하십니다.

저 스스로도 책을 읽으면서 이러한 내용이 마음에 담겨집니다. 중부명성교회의 후임목사로 부임한 후, 왜 우리 교회는 선교를 이렇게 잘 해왔으며, 매사에 이렇게 헌신할 수 있었는가에 의문을 가졌습니다. 이제 그 확실한 답을 찾았습니다. 송목사님께서 오직 '하나님의 은혜'라는 기치로 달려오셨기 때문이었습니다. 본인의 공로는 없다는 것입니다. 목사님이 보여주신 이러한 모습이야말로 후임 담임목사로서 꼭 본받고 싶은 모습입니다.

이 책을 읽는 분마다 생생하게 볼 수 있을 것입니다. 한 사람의 삶을 통하여 하나님의 은혜가 어떻게 자리 잡고 꽃피며 열매 맺는지를 말입니다. 아무쪼록 목사님을 통한 하나님의 은혜가 계속되기를 기도하며 감사함으로 이 귀한 책을 추천합니다.

/ 탁신철 목사(중부명성교회 담임)

| 추천사    4
| 시작하며   10

### 첫 번째 이야기
### 은혜로 택하시고

나도 모르게 결정된 내 운명•16 | 제발 우리 집을 구원해주세요•19 | 내 생애 첫 외박사건•22 | 세례의 대가•25 | 믿음과 맞바꾼 가족•28 | 춥고 배고팠던 사춘기•30 | 은밀히 돕는 손길•33 | 인생을 바꾼 성탄 선물•36 | 눈물 젖은 빵•38 | 감사의 눈물•41 | 성령세례를 받다•44 | 생생한 기도 응답•48 | 소금물을 마셔라•50 | 온 교회에 기도의 불을!•53 | 기적을 만드는 합심 기도•55 | 하나님과 동반 입대•58 | 첫 달 월급과 전액 십일조•61 | 나의 가장 든든한 돕는 자•63 | 두 번째 신앙 테스트•65 | 마른 뼈가 주님의 강한 용사로•68 | 예배의 능력이 선한 변화로•69 | 700명의 기적•72 | 하나님의 예배 준비•76 | 군 장병 합동 세례식의 역사•79 | 종결된 아버지의 핍박•82 |

**두 번째 이야기**

## 은혜로 부르시고

첫 사역의 특별한 감격•88 | 내 삶의 거룩한 변화•94 | 사역지를 서울 영락교회로•96 | 예기치 않은 부르심•99 | 내려놓음•103 | 버리고, 사모하고•105 | 기쁨의 새 출발•108 | 만학도의 꿈을 이룬 아내•110 | 새 성전 건축•112 | 오직 믿음! 오직 은혜!•116 | 뜻하지 않은 이민목회•118 | 녹록지 않았던 타국생활•122 | 너희들 너무 하는 것 아니냐?•125 | 이민목회 2기•128 | 이민목회자의 기쁨과 슬픔•131 | 다시 한국으로•134 | 목회자와 이삿짐•137 |

**세 번째 이야기**

## 은혜로 세우시고

고향 땅 내가 자라난 집으로•142 | 세밀히 돕는 손길•145 | 개척준비 기도회•148 | 첫 달 헌금을 전액 선교헌금으로•151 | 하나님의 특별한 선물•154 | 감동과 기쁨의 창립 예배•156 | 법을 바꾼 통곡의 기도•159 | 은혜에 은혜를 더하사•163 | 주님이 사랑하는 교회와 성도•165 | 교회를 부흥케 하소서•168 | 거듭남의 은혜•171 | 딸 진실이의 고통스러운 한국생활•174 | 미전도 종족에게 주의 복음을•178 | 미전도 종족 10개 입양 목표를 위해•181 | 믿음으로 취한 땅•185 | 부흥의 은혜를 선교의 씨앗으로•188 | 은혜를 덧입는 기도의 힘•191 | 땅 끝까지 내 증인이 되리라•194 | 사람의 끝, 하나님의 시작•199 |

| 마치며

## 시작하며

   2017년 10월, 40여 년의 목회 인생을 은혜 가운데 마무리했다. 은퇴식을 마친 뒤 잠시 쉬면서 은퇴 후 삶에 대해 생각하는 시간을 갖고 싶었다. 고민 끝에 한국을 떠나 태국 치앙마이로 건너갔다. 친분이 있는 선교사님의 안내를 받아 그분의 집 근처에 거처를 구한 후 그곳에서 석 달을 살았다.
   떠날 당시 한국은 제법 추웠는데 치앙마이는 늦가을 날씨였다. 지내는 동안 춥지 않아서 좋았다. 주일날은 근처 교회를 다니며 은혜를 받았고, 주간에는 매일 성경통독을 했다. 그리고 책을 읽고 공원을 산책하며 시간을 보냈다. TV, 라디오, 전화도 설치하지 않고 아주 조용하게 지냈다. 승용차도 빌리지 않고 늘 걸어서 이동했다. 고요한 가운데 하나님과 더 친밀한 시간을 가질 수 있었다.
   당시 그곳은 12월 성탄절 행사들이 시작되어 한인 선교사들이 바쁘게 움직이고 있었다. 여러 선교사를 만나 그들의 열정에 도전을 받고, 목회 여정동안 이루지 못했던 대안학교의 꿈도 다시 기도해보자는 결론을 얻었다.

그러던 중 치앙마이에서 사역중인 홍연표 선교사님으로부터 내가 살아온 발자취를 글로 남겨보라는 강력한 권고를 받았다. 한국에 있을 때 잠깐 생각해 보았던 문제였지만 이미 나는 아니다로 맘을 굳혔는데, 다시 작은 불씨가 던져진 것이다. 그 후 예수전도단 출판사 정양호 사장님의 권면을 받고 나서 시도해 보기로 마음먹게 되었다. 하나님께서 내게 주신 은혜를 정성껏 기록해서 세상에 남기고 싶어졌다. 부족하지만 내 고백을 통해 단 한 명이라도 전도가 되고 은혜를 받는다면, 글을 쓰는 일이 하나님께 영광을 돌리는 것이 아닌가! 이 생각을 주신 것까지 하나님의 뜻으로 여기면서 내게 할 수 있는 능력을 달라고 기도했다. 나의 일생에 이른 비와 늦은 비로 축복해주신 하나님의 은혜를 전하기로 했다.

시온의 자녀들아 너희는 너희 하나님 여호와로 말미암아 기뻐하며 즐거워할지어다 그가 너희를 위하여 비를 내리시되 이른 비를 너희에게 적당하게 주시리니 이른 비와 늦은 비가 예전과 같을 것이라 (욜 2:23)

글을 쓰는 동안 지난 시간 나와 함께 해주신 하나님의 은혜에 다시 한 번 감격하는 시간을 가질 수 있었다. 부족한 내가 하나님의 은혜를 기록할 수 있도록 권면으로 힘을 준 홍 선교사님과 예수전도단 출판사의 사장님을 비롯한 직원들, 그들의 성실한 돌봄이 오랫동안 기억날 것이다. 그리고 사랑하는 우리 중부명성교회 교우들과 평생을 나와 함께 하며 힘을 준 아내 지정자 사모와 딸 송진실에게도 깊은 감사의 마음을 전한다.

주님과 일생을 동행하면서 깨달은 한 가지가 있다.
"나는 만 가지 은혜를 받은 자다."
지난 모든 세월들을 돌아보니 하나님의 은혜가 없었다면,

나는 단 한 순간도 설 수 없었다. 은혜 아니면 내 인생을 무엇으로 설명할 수 있겠는가…! 그 무엇도, 그 누구도, 그 어떤 것도 나를 나이게 하는 것은 없었다. 오직 단 하나, 하나님의 은혜! 하나님의 은혜만이 나를 살게 하고, 내가 사는 이유였다. 그 은혜의 감격이 나를 통해 더 많은 이에게 전해지길 기도한다.

2018년 10월
은혜 받은 자, 송석홍

내가 너를 지명하여 불렀나니
너는 내 것이라

이사야 43장 1절

# 첫 번째 이야기

## 은혜로 택하시고

## 나도 모르게 결정된 내 운명

초등학교 5학년 때, 내 인생을 뒤바꾼 특별한 성탄절을 맞았다. 우리 집안은 아버지가 공자의 교훈을 숭상하는 유교 학자셨고, 어머니는 불교를 열심히 믿는 이교도 집안이었다. 나는 그중 4형제의 둘째로 태어났다.

아버지는 할아버지를 이어 모든 가정사를 유교식으로, 특히 족보와 제사를 지독히 강조하셨다. 우리 형제들에게 죽을병이 아니고는 어디에 살든 조상제사에 참여해야 한다고 늘 엄히 훈계하실 정도였다. 이유는 조상님들 덕분에 우리가 이만큼 잘 먹고 잘 살아왔다는 것이다. 또 그 조상님들에게 제사를 잘 드려야 계속 복을 받을 수 있다는 논리였다. 그러기에 우리 집 제사는 도덕을 넘어 완전히 종교로 자리매김 된 상태였다. 어머니는 보통의 불교신자였지만 자식들 앞날을 위해서는 유별하셨다. 특별기도를 하는 보살들까지 두고 정성을 다해 섬기셨다. 우리 형제들을 위해 1달에 꼭 1번은 쌀을 퍼주시고, 돈도 주시며, 정성스레 기도를 부탁하시곤 했다.

이렇게 우리 집안은 예수와 기독교가 전혀 틈을 탈수 없는, 꽉 막힌 철옹성과 같았다. 그런 집안에 엄청난 일이 벌어졌다. 지금 생각해보니 부모님 입장에서는 기가 막힐 일이었을 터다. 성탄절에 내가 교회 마당을 밟은 것이다! 먼저 믿었던 동네 친척 누나의 전도였다. 그냥 교회 한번 구경 가자는 제안에 선뜻 따라나선 것이다.

그런데 교회에서의 첫 느낌이 너무 좋았다. 크리스마스 연극과 노래도 재미있었고, 특히 여자 선생님 한 분이 내 맘을 흔들었다. 지금도 생생하게 기억나는 이름, 바로 임숙영 선생님이시다. 어린 나를 보살펴 주시는 그분의 친절과 사랑이 내 마음에 큰 감동을 주었다. 다음 주일에도 꼭 오라고 당부하는 선생님이 눈에 선해서 성탄절 다음 주일에도 기를 쓰고 교회에 갔다. 또 그다음 주, 또 그다음 주, 그렇게 교회에 가면서 어린 교인 하나가 탄생했다. 이것이 내 인생을 뒤바꾼 일생일대의 사건이다.

물론 이 모든 일은 부모님 모르게 된 일이다. 초등학교를 졸업할 때까지 나는 부모님 모르게 살금살금 교회를 다녔다. 부모님께 들키기라도 하는 날에는 크게 경을 칠 것을 알았지만, 이 엄청난 모험을 계속했던 이유가 있었다. 바로 어린 내가 교회에 완전히 매력을 느꼈기 때문이다. 교회 전체의 분위기도 그랬지만, 무엇보다 담임이셨던 임숙영 선생님의 사랑이 너무 인상 깊었던 덕분이다.

항상 무겁고 엄했던 우리 집안 분위기와 교회 분위기는 완전히 달랐다. 아버지는 단 한 번도 우리 형제를 품에 안지 않으셨고, 무엇이든지 회초리로 훈계하시는 그야말로 무서운 분이셨다. 하지만 교회 선생님은 전혀 달랐다. 추운 겨울에 교회 오느라 귀가 얼었다며, 손수 귀를 만져주시고 녹여주시는 친절과 사랑이 아버지와 너무나 대비되었다.

'이런 특별한 세계가 있구나!'

어린 내 마음에 이 생각이 각인되었고, 그것에 취해 아무도 모르게 교회 학교를 다녔다. 이 일로 내 운명이 나도 모르게 바뀐 것이다.

하나님께서 어린 사무엘을 부르시듯 아이인 나를 사랑으로 불러 주셨기에 교회 출석의 비밀이 지켜졌다고 믿고 있다. 깜깜한 우상숭배의 가정에서 핀셋으로 나를 꼭 찍어 빛으로 건져주신 것이다. 이 얼마나 감사한 일인가!

여호와께서 사람의 걸음을 정하시고 그의 길을 기뻐하시나니 (시 37:23)

야곱아 너를 창조하신 여호와께서 지금 말씀하시느니라 이스라엘아 너를 지으신 이가 말씀하시느니라 너는 두려워하지 말라 내가 너를 구속하였고 내가 너를 지명하여 불렀나니 너는 내 것이라 (사 43:1)

초등학교 5학년의 어린 내가 주님을 찾기 전에, 주님께선 이미 나를 알고 계셨다. 내 인생을 이미 계획하시고, 나를 쓰시기 위해 일찍이 부르신 것이다. 이 부름이 주께서 이루신 일이었음을 나는 확신한다. 믿음으로 이 일을 고백하고 인정하며 찬양을 올려 드린다.

## 제발 우리 집을 구원해주세요

초등학교를 졸업하고, 중학교 입학을 위해 40리(약 16km) 떨어진 청주로 유학을 떠났다. 작은 아버지 집에 하숙을 했지만 낯선 땅에서 낯선 문화를 접하며 살아야 했기에 늘 외로웠다. 14살 어린 나이에 처음 엄마 곁을 떠난 데다가 도시 생활이 낯설어서인지 떨리고 무서웠다. 아무도 모르게 눈물을 흘렸던 적도 꽤 많았다.

외로운 중에 그리운 것이 있었다. 바로 언제나 정이 넘쳤던 시골 교회의 분위기였다. 나도 모르게 그런 교회를 찾게 되었고, 그렇게 찾은 교회가 청주 서남교회였다. 이 교회는 故박종렬 목사님께서 개척하신 교회로, 내가 갔을 당시 개척 초기라 온 교회가 사랑으로 충만한 분위기였다. 몇 분의 장로님은 외롭고 힘들었던 어린 나를 위로하며 사랑으로 보듬어주었다.

중학교 2학년이 되기까지 시골 부모님은 내가 교회를 다니는지 모르셨다. 집을 나와 있었고, 우리 집안에선 상상도 할 수 없는 일이었으니 전혀 알 방법이 없으셨다. 그런데 작은 아버지께서 이 사실을 먼저 아셨다. 교회를 다닌다는 사실도 놀라운데 중학생이 주일 낮 예배, 저녁 예배, 수요 예배를 빠지지 않고 열심히 나가는 것을 보며 크게 걱정이 되신 듯했다. 역사상 우리 집안에 단 한 사람도 예수를 믿는 사람이 없었기 때문이고, 저렇게 교회를 다니는데 공부가 제대로 될 수 있을까 하는 우려 때문이기도 했다. 무엇보다 작은 아버지의 자녀 7남매에게 내가 예수 전염병을 옮기면 어떻게 할까 그 걱정이 크셨다.

결국 내가 자백을 하지 않으면 안 되는 상황이 연출됐고, 시골 아버지께 내가 교회에 열심인 것을 털어놓게 되었다. 당연히 아버지는 놀라셨다. 뿐만 아니라 내 못된 버릇을 고쳐야겠다고 결심하신 듯 했다.

하루는 아버지가 청주에 올라오셨다. 작은 아버지 집에 있던 내방에 앉으셔서 하교하는 나를 기다리고 계셨다. 모두의 예상대로 분위기는 험악하다 못해 살벌하기까지 했다. 잔뜩 화가 나신 아버지가 불호령을 치셨다.

"석홍이 네 이놈! 어떻게 네가 예수를 믿느냐!"

이미 내 책상을 뒤져 성경과 찬송가를 찾아 꺼내놓으셨다. 겁에 잔뜩 질린 내 무릎을 꿇리시더니 계속 매질을 하셨다.

"이래도 계속 믿을 것이냐?"

큰 소리로 호통을 치시며 나를 힘껏 때리셨다. 어린 중학생이 견디기엔 너무 아프고 무서운 상황이었다.

"아버지, 다시는 교회 안 갈게요! 예수 안 믿을게요!"

상황을 모면하기 위해 거짓 약속을 할 수 밖에 없었다. 더는 아버지의 매질을 견디기가 힘들었기 때문이다. 아버지는 곧장 나를 부엌으로 끌고 가시더니 성경과 찬송가를 찢어 아궁이에 던지고 불로 태우셨다. 내게는 너무나 큰 시험이었다. 내 믿음을 이해하지 못하시는 아버지가 원망스러웠지만 어쩔 수가 없었다.

그 뒤 아버지는 시골로 돌아가셨고, 첫 주일을 맞았다. 참이든 거짓이든 엄하신 아버지와 약속한 터라 교회를 가야겠다는 것은 상상도 못했다. 멍하니 방에 앉아 있는데 불현듯 마음에 예배에 대한 사모함이 불길같이 솟구쳤다. 사모함이 넘치는 순간 죽어도 좋다는 마음이 들었다. 자리에서 벌떡 일어나 성경책과 찬송가도 없이 맨손으로 교회까지 30분을 달려갔다. 겨우 11시 어른 예배에 참석할 수 있었고, 예배를 드리는 동안 펑펑 울며 기도 드렸다.

'하나님, 제발 우리 집을 구원해 주세요!'

다른 말은 생각나지도 않았다. 오직 그 기도만을 반복해서 되뇌며 탄식했다. 그다음 주, 또 그다음 주 성령님은 계속 내 마음속에 두려움 대신 담대함을 주셨다. 그 담대함으로 계속 교회에 갔고, 예배를 드리게 하셨다. 절대 내 의지와 힘으로 된 것이 아니다. 오직 성령의 능력으로 된 것임을 믿고 있다. 어디서 그런 담대한 힘이 나왔을까?

> 이 하나님이 힘으로 내게 띠 띠우시며 내 길을 완전하게 하시며 (시 18:32)

> 이와 같이 성령도 우리의 연약함을 도우시나니… (롬 8:26)

성령님께서 우리 연약함을 도우신다는 말씀을 확실히 믿는다. 어린 내가 견디기엔 너무 힘든 상황임을 아시고, 성령님께서 친히 내게 찾아와 담대함을 주신 것이다. 하나님의 신실하심은 끝이 없고, 언제나 동일하시다.

## 내 생애 첫 외박사건

중학교 2학년, 15살이던 어느 주일날이었다. 낮 예배를 드리고 와서 조금 놀다가 저녁 식사를 하고, 또 저녁 예배를 드리러 교회에 갔다. 온 종일 교회에서 지낸 셈이다. 아버지께 혼난 기억은 오간데 없이 열심으로 예배를 섬겼다. 결국 이런 상황을 작은 아버지께서 아셨다. 학생이면 학생답게 주일 낮에 1번 정도만 교회를 갔었어야 했는데, 작은 아버지가 생각엔 이런 내가 교회에 미친 것처럼 보이셨나보다.

예배를 다 드리고 밤에 집으로 돌아왔는데 대문이 잠겨있었다. 모든 방에 불도 다 꺼져있었다. 아무리 문을 두드려도 집안에 있는 9명의 식구 중 단 한 사람도 대답을 안 하는 것이다. 9명의 식구는 작은 아버지와 작은 어머니 그리고 4남 3녀의 사촌 동생들이다.

직감적으로 이 사태를 눈치 챘다. 작은 아버지는 평상시 7남매 사촌 동생들을 늦게까지 공부시키느라 본인은 물론 사촌 동생들을 잠재우지 않고 괴롭히셨다. 그런 작은 아버지와 식구들이 그 시간부터 잠들 리가 만무한 일이다. 내가 미우셨던 거다. 자기 맏형님이자 우리 아버지이신 어른 말도 듣지 않고, 미친 듯 교회에만 열심이었으니 말이다. 또 나중에 아버지를 만나셨을 때 당신도 강하게 혼내주었노라 말해야 했을 것이고, 이래저래 한 번 혼내 주려고 작정을 하신 듯 했다. 분명 아직은 잠잘 시간이 아닌데, 아마도 눈을 감고 이불 속에 누워있는 것 같았다.

'누군가는 나오겠지.'

이 마음에 문 앞에 서서 1시간을 넘게 기다렸다. 그러나 시간이 흘러 한밤중이 되어도 작은 인기척도 없었다. 게다가 날씨는 초저녁보다 더 추워졌다.

계속 대문 앞에 웅크리고 앉아있다 보니 무릎 관절이 너무 아파서 더는 버틸 수가 없었다. 하는 수 없이 집에서 10미터쯤 떨어진 무심천 둑으로 걸어갔다. 우리 동네는 옛날부터 말을 통해 이삿짐을 날라다주는 일종의 운수업을 하는 사람들이 많이 살았다. 둑 위에 우마차 여러 대가 주차되어 있었는데 마차마다 가마니가 깔려 있었다. 한 마차 위에 앉아 있다가 아주 누워 보았다. 다리를 뻗을 수 있어 얼마나 시원하고 좋던지! 하지만 그것도 잠시 이번엔 차가운 밤공기가 문제였다. 궁리 끝에 가마니를 옮겨 마차 아래에 깔고 그 위에 누웠다. 그래도 추위를 견딜 수 없어 또 다른 가마니 한쪽을 이불처럼 덮었더니 스르르 잠이 왔다. 잠이 오는 와중에도 너무 무섭고 서러운 마음에 소리 없이 울었.

'우리 엄마는 내가 작은 아버지 댁에서 쫓겨나 이렇게 노숙하는 것을 알기나 할까?'

엄마가 너무 보고 싶었다. 그전에 교회를 다닌다고 아버지께 매 맞으며 야단을 맞을 때보다 훨씬 더 서러웠다.

얼마나 지났을까. 이른 새벽이 되어 왕래하는 사람들의 발자국 소리가 들렸다. 난 벌떡 일어났다. 누군가 마차 밑에 가마니를 덮고 누운 나를 시체라 생각할까 해서다. 새벽부터 놀라 소리를 지르고 주위를 시끄럽게 할 것 같아서였다. 나름 단잠을 청했던 모든 자리를 거둔 후에 좀 시간을 보내다가 작은 아버지가 출근하느라 집 문이 열려있는 틈을 타서 집안으로 들어갔다. 태어나서 처음, 집에서 쫓겨난 사건이었다. 이는 장래 펼쳐질 내 앞길의 예고편이 되었던 사건이기도 하다. 성경에 하나님은 그 어디든지 믿는 자와 함께해 주신다는 말씀이 기억났지만, 아직 그 정도의 믿음이 없었으니 마냥 무섭고 떨렸던 밤이었다. 그러나 그 상황에서도 서너 시간은 달게 잠을 재워 주신 분이 아버지 하나님임을 믿었다.

너희가 일찍이 일어나고 늦게 누우며 수고의 떡을 먹음이 헛되도다 그러므로 여호와께서 그의 사랑하시는 자에게는 잠을 주시는도다 (시 127:2)

## 세례의 대가

고등학교 2학년, 18살 때 감격적인 세례를 받았다. 성경 찬송가를 태우신 후 아버지도 잠잠하셨고, 의도치 않았던 외박사건 이후 작은 아버지도 조용하셨다. 그 덕에 교회 생활을 몇 년 동안 비교적 순탄하게 했다.

그런데 내게 불시험이 오고 있었다. 세례식에 관한 교회 광고를 듣게 된 시점부터 내 마음속에 세례에 대한 간절함이 솟아났다.

'이번엔 무슨 일이 있어도 꼭 세례를 받아야겠다!'

계속 골똘히 생각하다가 결정을 내리고 신청서를 낸 후 기다렸다. 드디어 세례를 받기 위해 당회 목사님과 장로님들 앞에 서게 되었다. 세례 받는 자들의 필수 코스인 세례 문답을 하기 위해서였다. 당회원들은 주님의 이름으로 하나님이 들으실 진실한 대답을 해야 한다고 지적하셨다. 나에게 여러 성경적 질문을 하셨는데 미리 공부한대로 잘 대답을 했다. 그런데 마지막 질문이 너무 무거운 질문이었다.

"송군, 세례를 받으면 지금까지 지내던 조상제사를 폐할 수 있겠느냐?"

이 질문이야 말로 내겐 아킬레스건과 같은 질문이었다. 몇 분 동안 참으로 고민이 많았지만 성령께서 대신 단호하게 대답해주셨다.

"예! 절대 제사상에 절하지 않겠습니다."

아버지가 계신 시골집은 1년에 10번이 넘는 제사가 있다. 나 역시 그 때마다 반드시 참여해야 한다. 내일 학교 시험이 있어도 제사에는 절대 결석을 못하는 것이 우리 가풍이었다. 한 번은 한겨울에 35리(약 14km)나 되는 산길을 걸어서 집에 오다가 얼음길에 넘어져 계곡으로 추락해 의식을 잃고 병원에 실려 간 적도 있었다. 제사를 지내려다 오히려 내가 목숨을 잃을 뻔한 사건이었다. 분명 죽었다고 여겼는데 간신이 살아났다. 하나님께서 장차 무슨 할 일이 있으셨는지 다 죽은 나를 살려 주신 것이다. 전적인 하나님의 은혜였다.

야곱아 너를 창조하신 여호와께서 지금 말씀하시느니라 이스라엘아 너를 지으신 이가 말씀하시느니라 너는 두려워하지 말라 내가 너를 구속하였고 내가 너를 지명하여 불렀나니 너는 내 것이라 네가 물 가운데로 지날 때에 내가 너와 함께 할 것이라 강을 건널 때에 물이 너를 침몰하지 못할 것이며 네가 불 가운데로 지날 때에 타지도 아니할 것이요 불꽃이 너를 사르지도 못하리니 (사 43:1-2)

되돌아보면 장차 나를 목사로 쓰시기 위해 하나님이 생명을 지켜 주셨다고 믿는다. 나는 이미 오래전부터 하나님께 택함 받은 아들이었던 것이다. 할렐루야!

그렇게 제사를 목숨만큼 소중히 여기는 집안에서 제사를 끊겠다니! 죽음을 각오한 결단이었다. 이제 제사를 지내던 예전의 나는 죽고, 다시 하나님 안에서 새롭게 태어나겠다는 결단이었다.

## 믿음과 맞바꾼 가족

얼마 뒤 또 제삿날이 왔다. 여느 때와 같이 참석은 했다. 새벽 2시경 제사를 드리는데 세례 받을 때 서약한 말씀, 우상에게 절하지 않겠다고 한 말이 생각났다. 고민 끝에 아버지께 꾀를 내었다.

"아버지, 제가 지금 배가 아파 계속 설사를 합니다. 그래서 제사상에 술 따르는 것을 못할 거 같아요."

잔뜩 겁을 먹고 뱉은 말인데 의외로 쉽게 동생에게 맡기셨다. 나는 대청마루 맨 끝 줄에 서서 제사를 드리는 다른 이들의 흉내를 냈지만, 정작 절을 하는 시간에는 변소로 도망을 쳐서 절하는 것을 피했다. 처음 제사와 두 번째 제사는 이 수법이 통했다. 문제는 세 번째 제사였다.

새벽 3시경, 제사를 끝내면 모든 사람이 음식을 먹는데 어른들은 안방에 차려진 상에서, 어린 사람들은 윗방에 차려진 별도의 상에서 먹었다. 그런데 안방에서 드시던 아버지 형제들이 식사를 하면서 내 얘기를 많이 한 모양이다. 요즘 석홍이가 제사상에 절하지 않으려 거짓말로 속이고 있다는 이야기며, 앞으로 우리 가문에 큰 문제가 생겼다는 것, 다른 사촌들에게 예수 물이 들면 어떻게 하느냐 등을 걱정한 것이다.

결국 동생들의 성토를 듣던 아버지가 폭발하셨다. 밖으로 나가시더니 큰 몽둥이를 들고 윗방에 있던 나에게 오셔서 느닷없이 머리통을 내려치셨다.

"이놈! 당장 집에서 나가거라! 이제부터 너는 내 아들도 우리 가족도 아니야!"

소리를 버럭버럭 지르시며 호통을 치셨다. 금방 밥상을 받아 겨우 두어 숟가락만 뗐는데 몽둥이 세례가 들이닥친 것이다. 너무 심하게 때리셔서 계속 앉아 있을 수가 없었다. 밥상에서 일어나 도망을 쳐서 대문으로 나왔는데, 아버지가 대청에 서서 나를 향해 계속 저주를 퍼 부으셨다.

"나가서 당장 죽어! 집에는 절대 들어오지도 말고! 너는 앞으로 우리 족보에서 빼낼 테니까 그렇게 알아! 너 같은 자식을 두고 내가 조상들을 어떻게 보겠느냐!"

나는 그 길로 집을 떠났다. 울면서 40리길 신작로를 걸어 한밤중에 청주로 나왔다. 도로는 차가 다니는 찻길이었지만, 어두운 산길 옆이라 무척 무서웠다. 그 길이 8년 동안 아버지 집에 못 들어가는 고아 신세가 되는 길이었다.

청주 작은 아버지도 전날 같이 제사를 드리며 이 광경을 다 본 터라 더는 작은 아버지 댁에도 머물 수가 없었다. 책가방과 옷가방을 꾸려 작은 아버지 집을 떠났는데 막상 갈 곳이 아무 데도 없었다. 그런데 번뜩 내가 다니던 교회 생각이 났다. 짐 가방을 들고 교회로 달려가 예배당 기도실 반지하

방에 가방을 내려놓고 기도를 드렸다.

"주여! 제 갈 길을 가르쳐 주세요. 제가 살아갈 방법을 가르쳐 주세요."

통곡의 기도로 눈물이 강을 이루었다. 이때부터 고난의 훈련이 시작된 것이다. 조금 늦었지만 하나님께서 나를 다듬어 주의 성품을 넣어 주시고자 함이었다.

> 내 형제들아 너희가 여러 가지 시험을 당하거든 온전히 기쁘게 여기라 이는 너희 믿음의 시련이 인내를 만들어 내는 줄 너희가 앎이라 인내를 온전히 이루라 이는 너희로 온전하고 구비하여 조금도 부족함이 없게 하려 함이라 (약 1:2-4)

## 춥고 배고팠던 사춘기

예수님께서 요단강에서 세례를 받으시고 성령에 이끌리어 광야에 나가 마귀의 시험을 받으신 이야기를 알고 있다. 세 가지 시험 중 첫 시험은 이것이다.

> …네가 만일 하나님의 아들이어든 명하여 이 돌들로 떡덩이가 되게 하라 (마4:3)

40일을 금식하여 주리신 분에게 떡을 만들어 먹으라는 시험은 얼마나 큰 시험이었을까? 집에서 많은 매를 맞고 쫓겨난 첫날, 온종일 몸이 아프고 떨리며 슬펐다. 새벽에 몽둥이로 맞은 자리가 붓고 쓰리고 아팠다. 몸도 몸이지만 어쩌면 서러운 마음이 더 컸을지도 모른다.

다음날부터 거의 습관적으로 아침밥 구경도 못한 채 학교를 다녔다. 금식이 아니고 '굶식'이었다. 하교 후엔 따뜻한 교회당 뜰에서 시간을 보내다가 저녁 식사도 거르고 밤을 맞이했다. 책가방을 놓았던 반지하 방으로 들어가 잠을 청했다. 때가 가을인지라 아주 춥지는 않았고 실내 온도는 잠자기에 적당했다. 더욱이 그 방에는 새벽기도 시간에 성도들이 깔고 앉아 기도하게 만든 방석이 수십 개 쌓여있었기에 포근한 잠자리를 꾸밀 수 있었다. 방석 3장을 깔고 잠자리에 누웠는데 제일 큰 문제는 배고픔이었다. 배가 고파도 너무 고팠다. 한참 먹을 나이에 종일 거의 굶다시피 했으니 오죽 했을까. 예수님께서 40일 금식 후 주리신 것이 나는 하루 만에 오는 것 같았다. 배가 고프니까 잠이 오지 않았다. 밤새 앉았다 누웠다를 반복하다가 새벽을 맞았다.

교회는 새벽 4시에 정기적으로 새벽기도회를 열기 때문에 더는 잠자리에 누워 있을 수가 없다. 속히 잠자리를 정리하고 맨 앞자리에 앉아 예배를 드렸다. 새벽 예배에 참여한 고등학생은 내가 유일했다. 그러니 교우들이 나를 보고 기특하다, 놀랍다는 표정이었다. 그러나 곧, 교우들의 표정은 달라졌다. 개인기도시간이 되자 내 기도가 통곡의 눈물 기도로 변했기 때문이다. 이를 본 교우들이 내 사정을 금방 알게 되었고, 성도들도 안타까워하시며 눈물의 중보기도를 드리셨다.

이튿날 아침 식사 시간이 되었는데 담임목사님의 사모님께서 사택으로 나를 부르셨다. 가보니 아침밥을 준비해주셨다. 밥을 보는 순간 눈물이 핑 돌았다. 다행히 어제 하루의 허기를 면하고 학교에 갔다. 그러나 도시락은 준비가 안 되었기에 자동으로 점심은 굶어야 했다. 하교 후에 교회당 뜰에 앉아 있는데 또 기쁜 소식이 왔다. 내 사정을 아시는 어느 집사님 댁에서 저녁 초대를 해주신 것이다. 얼마나 감사한지 또 눈물이 났다. 그땐 왜 그렇게 밥이 좋았던 건지!

며칠 동안 거의 비슷한 패턴으로 밥을 먹을 수 있었다. 알고 보니 그 배후에는 여 집사님들이 계셨다. 내 사정을 아시고, 내게 저녁 식사를 제공하자고 의견을 내신 것이다. 그렇게 점심은 굶지만, 아침 식사와 저녁 식사 그리고 잠은 해결되었다. 거의 1년 동안 저녁 식사 메뉴에 많은 변화가 있었다. 어떤 집은 더운밥, 어떤 집은 찬밥, 어떤 집에서는 보리밥, 또 국수 등 다양했다. 이 모든 음식을 하나도 가리지 않고 잘 먹었다. 찬밥 더운밥을 가릴 신세가 아니었다. 배가 고프니 모든 음식이 꿀맛이었다.


## 은밀히 돕는 손길

교회 덕에 잠자리와 먹을거리는 해결이 되었지만, 여전히 해결하지 못한 한 가지 문제가 남아있었다. 바로 수업료였다.

'학교 수업료가 미납되어 정학을 맞으면 바로 구두 닦기를 하자.'

이미 내 마음엔 이런 결정이 내려진 상태였다. 수업료가 3달 이상 미납되면 학교 게시판에 미납자 명단이 게시되고, 곧 정학 처분이 내려지는 게 학교 규정이다. 내가 그 규정의 대상자가 될 판이었다.

석 달째 되는 날 게시판으로 눈이 갈 수밖에 없었다. 그런데 이상한 일이 생겼다. 분명 계시되어야 할 내 이름이 보이질 않는 것이다. 어찌된 일일까? 너무 궁금했다. 계속 1달을 지켜보았는데도, 미납자 명단에 여전히 내 이름이 없었다. 결국에는 이런 추측을 할 수 밖에 없었다.

'아마 학교 서무과 직원이 실수로 내 이름을 누락했나보다…'

그런데 이 모든 추측은 내 어리석은 착각이었다. 후에 알고 보니 누군가 절대 이름을 밝히지 말라며, 내 수업료를 대납해 주었기 때문이다. 그분은 내가 고등학교를 졸업할 때까지 계속 학비를 내주셨다. 말로 표현할 수 없을 정도로 감사했다. 나는 그 고마운 분이 누군지 몰라 애를 태우며, 하나님께 복을 비는 기도만 했다. 모든 것이 하나님의 은혜, 또 은혜였다. 하나님께서 나를 구두 닦기로 세상에 내보내지 않으시고, 계속 공부를 시켜주신 것이다.

하나님은 모든 은과 금이 당신 것이라 하셨다. 모든 만물의 주인 되시는 하나님께서 이렇게 몇몇 분들을 감동시키셔서 내게 밥을 먹여주시고, 학교 공부도 계속하도록 도와주셨다. 지금도 성령 충만하여 말씀대로 실천하는 성도들을 볼 때마다 감탄이 절로 나온다. 그 믿음의 행함이 누군가에게는 생명이 되고, 은혜가 되어 강같이 흐름을 알기 때문이다. 어린 시절 내가 그런 사랑과 은혜를 받았던 것처럼 말이다.

> 너는 구제할 때에 오른손이 하는 것을 왼손이 모르게 하여네 구제함을 은밀하게 하라 은밀한 중에 보시는 너의 아버지께서 갚으시리라
> (마 6:3-4)

우리 집은 비록 시골에 있었지만 부자라는 소리를 듣고 살았다. 아버지는 그렇게 부자로 사는 것이 조상들의 은덕이라

고 믿었고, 그래서 조상 제사를 더욱 철저하게 지내셨던 것이다. 그런 아버지의 믿음 아닌 믿음을 내가 배신했으니 화가 나실 만도 하다. 하여튼 아버지는 나를 내쫓아 억지 고아를 만드셨다. 그런데 그 고아를 교회가 입양한 것이다. 아버지는 내가 금방 죽는 모습으로 집에 돌아와 용서를 빌고, 학비를 얻어갈 것이라 믿으신 모양이다. 그런데 내가 시간이 지나도 집에 들어오지 않으니 더 화가 나신 듯 했다. 결국 화병으로 몸져누우셨다는 소식을 건너 듣게 되었다. 더 눈물이 났다.

나는 더욱 확신했다. 우리 하나님은 고아를 돌보시고, 과부를 불쌍히 여기시는 자비의 아버지라는 사실을 말이다. 당시 나에게 닥친 고난으로 당장 먹는 것, 입는 것, 재정은 가난했어도 따뜻한 하나님의 사랑을 체험할 수 있었기 때문이다.

나의 사춘기가 그렇게 지나고 있었다. 다른 친구들은 자아확립을 위해 몸부림치며 부모에게 반항하고, 부모와 분쟁을 일으켜 가출하기까지 한다는 사춘기가 나에게는 은혜의 시간이었다. 나에겐 철부지 사춘기가 실종된 것이다. 담배나 술은 상상도 못하는 일이었다. 오로지 주의 은혜 가운데 믿음으로 그 시간들을 이겨냈다.

## 인생을 바꾼 성탄 선물

12월, 성탄의 계절이 돌아왔다. 성탄 캐롤송이 거리마다 울려 퍼졌다. 넉넉하지 않은 시절이지만 많은 사람의 마음이 들뜨는 계절이기도 했다. 하지만 내 마음은 달랐다.

'저 공산주의 국가도 캐롤송이 울리면 이렇게 마음이 즐거울까?'

가게 앞에 성탄 트리를 만드는 것은 상업적인 것뿐이라는 말을 들은 터였다. 우리나라 국민의 대부분과 가게들이 성탄의 의미를 모르고 성탄절을 보내고 있는 것이 안타까웠다. 특히 고등학교 우리 반 60명의 급우가 불쌍했다.

'어떻게 저들에게 성탄의 의미를 가르쳐 줄 수 있을까?'

며칠을 고민한 끝에 굉장한 결론을 얻었다. 성탄절 선물로 성경을 사주자였다. 감사하게도 그 때 내게 약간의 여윳돈이 있었다. 곧장 기독교 서점으로 가서 60권의 성경을 샀다. 집에 와서 한 권 한 권을 예쁘게 포장했고, 이튿날 아침 일찍 등교했다. 누가 보기 전에 책상 위에 성경 선물을 올려놓으려고 말이다. 잠시 후 급우들도 하나둘 등교를 시작했다. 놀랍게도 성경 선물을 받은 급우들 중 원망하는 이는 하나도 없었다. 모두 다 한마디씩 하며 고마워했고, 웃으며 가방 속에 넣었다. 나는 마음속으로 간절히 기도했다.

'하나님! 이 책을 통해 구원의 역사가 많이 일어나게 해 주세요.'

그때 그 일이 어떤 효과가 있었을까? 2017년, 필리핀에서 선교사로 수고하던 친구, 이훈찬 형제를 만나게 되었다. 그 친구는 교육대학을 졸업하고 교사로 근무하다가 얼마 뒤 교직을 사표내고, 선교사로 지원하여 필리핀에 가서 사역하는 귀한 친구였다. 사역하던 기간에 안타깝게 배우자와 사별을 했고, 그 후 필리핀 여자 분과 재혼을 했다. 자세한 사정은 모르지만 선교에 더 속력을 내기 위해 본국 여자를 피하고 국제결혼을 했다고 하는데 얼마나 감동을 받았는지 모른다.

그런데 대화 중 갑자기 이 선교사가 뜻밖의 말을 했다.

"석홍아, 네가 고등학교 시절에 열심히 교회를 다니는 것을 보면서 정말 많은 감동을 받았어. 그리고 네가 성탄 선물로 줬던 성경을 얼마나 잘 읽었는지 몰라."

너무 놀라웠다. 이제까지는 그 선물에 대한 이야기를 아무에게도 들은 적이 없었다. 처음으로 그 성탄 선물의 열매를 보는 순간이었다. 우리가 매일 무엇으로 심든지 꼭 그 씨의 열매를 볼 것이라는 말씀이 생각났다.

> 스스로 속이지 말라 하나님은 업신여김을 받지 아니하시나니 사람이 무엇으로 심든지 그대로 거두리라 (갈 6:7)

참외 씨를 심으면 참외를 따고, 오이 씨를 심으면 오이를 딴다. 많이 심으면 많이 거두고, 적게 심으면 적게 거둔다는 진리다. 그 시절 나의 열정과 순수한 믿음이 훈찬 선교사외에 다른 사람에게도 열매가 있었으리라는 믿음이 생겼다. 우리의 작은 믿음을 큰 열매로 보게 하시는 하나님, 그날의 감동은 지금 생각해도 마음이 뜨거워진다.

## 눈물 젖은 빵

고등학교를 졸업하고 대학을 가게 되었다. 대개 고3들은 부모의 지도를 받으며 대학을 선택한다. 대부분 장래 직업과 연계하여 대학교와 학과를 선택하는데, 나는 선택의 우선순위가 조금은 달랐다. 저렴한 학비와 졸업 후 빠른 취직이 가능한가였다. 그래서 선택한 것이 청주대학교의 국어 국문학과였다. 축하객도, 기쁨도 없는 나 혼자만의 쓸쓸한 입학식을 치르고, 본격적인 대학 생활이 시작되었다.

1966년도 대학 1학년 초기에 청주 C.C.C를 개척하러 오신 이은수 목사님과의 만남은 내 인생의 전환점이 되었다. 그 일로 잠자리와 식사 방법도 달라졌다. 바로 목사님과 그룹 성경 공부에 들어갔는데, 목사님의 배려로 잠자리가 C.C.C회관에 붙어있는 작은 숙직 방으로 바뀌게 된 것이다. 연탄으로 방을 데우고, 간단한 조리도 할 수 있는 방이었다. 교회당 반지하 침침한 방에서 햇빛이 들어오는 1층 방으로 발전한 것이다.

먹는 것도 달라졌다. 중학생의 과외공부를 하며 약간의 돈을 벌었기에 먹을 것을 구입할 수 있었다. 쌀은 조금 비싸기 때문에 가끔 샀고, 주로 저렴했던 밀가루를 한 자루씩 구입해 방구석에 놓고 먹었다. 가끔 밥도 지어 먹었지만, 주로 밀가루로 수제비를 만들어 먹었다. 가장 간단하게 만들 수 있는 음식이었다. 일단 잠자리와 식사가 부담이 없어서 너무 좋았다. 말 그대로 자취가 시작된 것이다.

그런데 외출복이 문제였다. 나는 무조건 외출할 때는 입학식에서 입었던 교복, 일명 모택동 옷을 입었다. 학교 갈 때와 교회 갈 때 주로 입고, 웬만한 외출 시에도 계속 입었기에 단벌 신사가 될 수밖에 없었다. 나중에는 목 부분이 헤어져 허옇게 안감이 드러나기까지 오래도록 그 옷을 입었다.

그러던 중 한 번은 집에 양식이 떨어졌는데 때마침 양식을 살 돈도 떨어졌다. 3일을 또 억지 굶식을 했다. 너무 배가 고프니 별 생각이 다 들었다.

'옛날처럼 집사님들 댁에 가서 얻어먹어야 하나?'

그러나 대학생이 되어서도 얻어먹어서는 안 된다는 단호한 결론을 내리고, 배고픔을 참으며 기다렸다.

다음 날 빈속으로 학교를 걸어가는데 주머니 속으로 넣은 손에 동전 하나가 잡혔다. 상의 주머니가 터진 틈으로 동전이 들어간 모양이었다. 꺼내보니 50원짜리였다. 요즘 돈으로 500원쯤 될 것이다. 순간적으로 감사가 터져 나왔다. 오랜만에 아침으로 찐빵 하나는 먹을 수 있음에 대한 감사였다. 학교 가는 길에 찐빵 집을 발견했다. 그런데 대학생 교복을 입고, 동전 하나로 찐빵 하나만을 사기가 민망했다. 하지만 너무 배가 고프니 별수 없었다.

"몇 개 드릴까요?"

"저… 하나요…."

왠지 부끄러운 마음에 작은 소리로 대답을 했다. 주인은 나를 한 번 쳐다보더니 겨우 하나냐는 표정을 지으며 실망하는 듯 했다. 솥뚜껑을 열고 막 쪄낸 찐빵 하나를 싸 주시며 그 위에 황설탕을 한 수저 뿌려 주셨다. 얼른 받아들고 빠른 걸음으로 학교로 가 조용한 교실에 들어갔다. 책상 위에 찐빵을 펴 놓고 감사기도를 드렸다. 배가 많이 고팠으니 금방 먹기 시작해야 하는데 그날따라 감사기도가 길게 길게 나왔다. 거기에다 주체할 수 없이 눈물이 나왔다. 한 5분이 지났을까. 눈을 떠 보니 빵 위에 눈물과 콧물이 흠뻑 배어있었다. 결국 빵은 2배로 부풀었다.

"눈물 젖은 빵을 먹어보지 않은 사람과는 인생을 논하지 말라!"

이 말을 전한 이도 이런 심정이었을까. 눈물 젖은 빵을 바라보며 깊은 감사를 드렸다.

"주님, 인생을 말할 수 있는 자격증을 주셔서 감사합니다!"

그러므로 염려하여 이르기를 무엇을 먹을까 무엇을 마실까 무엇을 입을까 하지 말라 이는 다 이방인들이 구하는 것이라 너희 하늘 아버지께서 이 모든 것이 너희에게 있어야 할 줄을 아시느니라 (마 6:31-32)

## 감사의 눈물

눈물의 사전적 의미는 안구 바깥 면 위에 있는 눈물샘에서 나오는 분비물이다. 늘 조금씩 나와서 눈을 축이거나 이물질을 씻어 내는데, 자극이나 감동을 받으면 더 많이 나온다. 그런데 슬픔의 눈물이 있고, 기쁨의 눈물도 있다. 감사의 눈물도 있다. 내 대학 시절의 눈물은 감사의 눈물이었다.

집에서 가출하면서부터 내 신앙생활은 교회 중심이 되었고, 새벽기도 중심이 되었다. 교회에서 예배드림이 너무 좋았고, 목사님들의 말씀은 모두가 송이꿀같이 달았다. 얼마나 은혜로웠는지 모른다. 1주일간에 영육의 주림과 목마름이 예배로 다 채워지는 은혜를 경험했다.

"주님, 감사합니다!"

예배를 드릴 때마다 내 입에서는 연신 감사가 터져 나왔다. 그러면서 늘 눈물도 글썽한다. 길에서 나를 걱정해 주며 관심을 가져주신 분들을 만나면 너무 고마워서 눈물이 나왔고, 내 사정을 모르는 사람들을 만나도 또 감사해서 눈물이 났다. 언제나 내 눈에 눈물이 마르지 않았다.

내 마음 안에 주님이 계시기에 늘 기뻤지만, 외적으로는 눈물이 많았다. 나의 눈물은 감사의 눈물이었고, 구원의 도리를 몰라 예수님을 미워하는 부모님이 안타까워 흐르는 눈물이었다. 그러나 남들은 내 삶이 단지 고생스러워 우는 것이라 생각했다. 하지만 절대 그렇지 않았다. 비록 육신은 배가 고파 힘들고 어려웠지만, 내 마음은 항상 기쁘고 평안했다. 주님이 주시는 평안이었다.

> 평안을 너희에게 끼치노니 곧 나의 평안을 너희에게 주노라 내가 너희에게 주는 것은 세상이 주는 것과 같지 아니하니라 너희는 마음에 근심하지도 말고 두려워하지도 말라 (요 14:27)

내가 1달 뒤의 일을 걱정하며 살았다면 늘 한숨뿐이었을 것이고, 얼굴빛은 늘 어두컴컴했을 것이다. 만약 내 미래의 일을 깊이 근심했더라면 걱정에 눌려 병이 났을 것이다. 그런데 나는 항상 어린 아이처럼 기뻤다. 내 안에 주님이 계셨기 때문이다.

　새벽기도는 나의 일상이 되었다. 새벽 4시가 되면 맨 앞자리에 앉아 말씀을 경청하고, 개인기도 시간에는 또 울면서 1시간을 기도했다. 주로 우리 가정을 불쌍히 여겨 달라는 기도였다. 아버지를 원망하는 기도는 전혀 하지 않았다. 아버지, 어머니 그리고 형제들을 깨우쳐 예수 믿는 성도가 되게 해달라고 매일 같은 기도를 드렸다. 하루하루 시간이 지날수록 기도의 형식과 내용까지 성령께서 세밀히 간섭하시고 주관하심을 느꼈다.

　저녁에는 교회에서 설립한 야간 중학과정을 공부하는 중학원에 출근해서 국어 공부도 가르치고, 일반 서무 행정도 보았다. 10명 안팎의 선생님 모두는 청년 자원 봉사자로, 협력하여 뜻있는 일을 이루고 있었다. 중학원에서 봉사하면서 선생님들과 친분을 맺고, 학생들과 교제를 나누는 것도 좋았다. 나도 어려운 중에 있었지만, 가정의 특별한 사정으로 정규 중학교에 들어가지 못한 어린 학생들의 이야기를 듣고, 같이 울고 위로하며 희망을 주는 일이 무척이나 의미 있었다. 학생 모두가 가정이 어려운 상황이었음에도 다 정들은 많았다. 서로 사랑하고 단합하며, 졸업 후까지 끈끈한 관계를 유지하고 있었다. 일반 학생들은 3년 공부를 마치고 검정고시를 본다. 합격을 하면 몇 명은 고등학교에 가고, 그 중 특별한 친구들은 대학에까지 진학을 하는데 그 때마다 학원에 웃음꽃이 피고는 했다.

이렇듯 내 일과는 새벽 일찍 일어나 교회당으로 가서 새벽 기도를 드리고, 기도가 끝나면 집에 와 아침 식사를 하고 등교를 했다. 대학 학과 수업을 마치면 돈을 벌기 위해 과외 공부 강사가 되었고, 과외가 끝나면 저녁 식사를 한 후 중학원에 출근해서 늦게까지 봉사를 했다. 이렇다보니 내게 점심 식사는 점점 멀어진 일이 되었다. 하지만 주님께서 함께 하시니 나의 영은 늘 배가 부르고 평안했다. 그것은 세상 누구도, 무엇도 줄 수 없는 참 평안과 기쁨이었다.

## 성령세례를 받다

물세례를 받고 2년이 지났다. 대학 1학년 겨울 어느 날, 교회에서 부흥회가 열렸다. 모든 성도가 은혜를 사모했고, 부흥회 날을 학수고대하며 기다렸다. 나 역시 손가락을 세며 간절히 기도할 정도로 부흥회를 기다렸다. 하나님께서 은혜를 사모하는 사람에게 은혜를 부어주실 것을 믿었기 때문이다.

그가 사모하는 영혼에게 만족을 주시며 주린 영혼에게 좋은 것으로 채워 주심이로다 (시 107:9)

드디어 부흥집회 날이 되었고, 성도들이 성전에 가득 모였다. 집회는 한 주간 월요일 저녁부터 토요일 새벽까지 하루 3번씩 총 14시간 동안 이뤄졌다. 강단의 강사는 황두연 목사님이셨는데, 이분의 설교 열정도 대단했다. 체험도 많으신 분이셨다. 첫날 첫 시간부터 말씀에 은혜를 받는 성도들이 생겼고, 매일 성령을 사모하게 하는 말씀이 이어졌다. 나도 말씀에 감동이 왔고, 가슴이 뜨거워졌다.

금요일 저녁 집회를 마치고, 모든 성도들은 집으로 돌아갔다. 하지만 나는 더 기도하고 싶은 마음에 교회에 남았다. 집회가 다음날 새벽 1시간 밖에 남지 않았던 터라 너무 아쉬움이 컸다. 하나님의 은혜를 더 받고 싶었다. 밤 11시 이후라 예배당은 전깃불을 다 끈 상태로 캄캄했지만 무섭거나 두려운 마음은 전혀 없었다. 나 혼자 엎드려 간절한 기도를 시작했다.

1시간 정도 지났을까. 갑자기 내 속에 숨어있던 작은 죄들이 생각났고, 회개기도가 터져 나왔다. 사실 이제까지 아버지의 핍박 중에서도 예배 잘 드리고, 봉사도 열심히 하면서 내 안에는 죄가 없다고 생각했다. 그런데 성령의 밝은 조명이 비춰지니 작은 죄까지 보였다. 마치 잠자리에서 일어나 이불을 정리할 때 아무것도 보이지 않다가 방 안에 햇볕이 비춰지면 작은 먼지까지 다 보이는 것처럼 된 것이다. 나도 모르는 사이에 주님을 아프게 한 죄들이 깨달아지며 통곡의 기도가 나왔다. 십자가의 피를 뿌려 정결함을 이루어달라고 간구했다. 주님의 자비하심만이 내 죄를 사하실 것을 믿었다. 그렇게 간절히 기도를 드리니 점점 죄 사함의 확신이 생겼고, 난 기쁨의 감사기도를 드렸다.

그때였다. 기도하는 내 앞에 예수님의 환상이 나타났다. 그분은 내 머리에 안수하시며 이렇게 말씀하셨다.

"너는 내 아들이며 내 종이다. 장차 너는 영혼을 추수하는 큰 일꾼이 될 것이다."

말씀을 듣자마자 내 몸은 뜨거운 불덩어리가 된 것 같았다. 인도의 전도자 썬다 싱Sunder Singh, 1889~1929은 지금도 위대한 성자 중 한 사람으로 불린다. 그가 성령 충만을 체험할 때 수만 볼트 전기에 감전된 것 같이 성령이 임했다고 한다. 마치 나도 그런 느낌을 받았다. 전기에 감전된 듯 온 몸이 뜨거워서 견딜 수가 없었다.

그뿐만이 아니다. 원래 방언이라는 것을 알지도 못했고, 방언기도를 해본 적이 없었다. 일부 교단에서만 방언을 인정했고, 장로교회에서는 방언을 이단이라 생각하던 때였다. 그런데 내 입에서 나도 모르는 단어-방언-가 튀어나오더니 입을 다물 수가 없었다. 거의 3시간이 흘러갔는데도 계속 기도가 나왔고, 공중으로 날아갈 듯한 기쁨과 충만함이 임했다. 새벽 마지막 집회 시간이 가까웠을 때서야 다행히 절제가 되었다. 지금까지 그런 체험은 처음이었다.

마지막 집회까지 모두 끝이 났다. 집으로 돌아가는데 이른 아침 공기가 어찌나 맑고 신선하던지…. 나무와 풀, 심지어 돌까지도 어제 내가 보던 것들이 아니었다. 얼마나 아름답고 귀하던지 연신 할렐루야 노래를 부르며 걸어갔다. 하루아침에 온 세상이 다 바뀐 것이다.

이때부터 진리 하나를 깨달았다.

'세상이 바뀌어야 내가 바뀌지.'

늘 그랬던 생각이 명쾌한 진리로 이렇게 바뀌었다.

'내가 바뀌면 세상도 바뀐다!'

언제든지 문제의 일번지는 나라는 사실을 깨달았다. 남의 탓을 하기 전에 내 자신을 먼저 돌아봐야 하는 것이다. 사실 이날의 깨달음과 큰 은혜는 하나님께서 미리 예비하신 선물과도 같았다. 앞으로 대학 4년을 마치기까지 극심한 어려움이 올 것을 미리 아시고, 그것을 참고 이기게 하시는 성령의 기를 부어주신 것이다. 성령세례로 내게 엄청난 힘을 주신 것이다. 하나님은 그렇게 날 하나하나 빚어가셨다. 할렐루야!

## 생생한 기도 응답

대학 3학년 때 R.O.T.C<sup>Reserve Officers Training Corps, 학생군사교육단</sup>에 입단을 했다. 어차피 군에 갈 바엔 힘들어도 장교로 복무하고 싶어서였다. 입단 후 1년 동안 여러 가지 훈련을 받았다. 제식훈련과 태권도를 비롯해 여름방학 중엔 부대에 입소해서 1달간 종합군사훈련까지 받았다. 동기 중 누구 하나 낙오하지 않고 모든 훈련을 잘 받았다. 하지만 이 평가는 자체 평가였고, 대외적으로 효력이 없는 평가다. 4학년이 되면 오직 육군 본부 검열로 증거를 받아야 했다. 그런데 그 검열을 받으려면 약 20만 원 정도의 검사비를 각자가 내야 했다. 당시 2주 뒤까지 꼭 납부해야만 했던 돈이다.

그런데 당장 내 수중에 돈이 없었다. 학생들 과외 사례비도 다 썼고, 또 받으려면 3주는 더 기다려야 했다. 돈을 꾸고 싶은 마음도 있었지만, 그동안 교인들과 친구들에게 여러 가지로 너무 큰 도움을 많이 받았던 터라 마음이 허락하지를 않았다. 그래서 1주일 동안 새벽 예배를 작정기도로 드리기로 했다. 직접 하나님께 얻고 싶어서였다. 매일같이 같은 제목으로 기도를 드렸다.

'주님, 다음 주 월요일까지 20만 원이 필요합니다. 저를 도우실 분은 오직 하나님뿐이세요!'

절박하게 간청기도를 드렸다. 그 기도를 시작하는 월요일 새벽부터 담임목사님은 시골 교회로 자비량 부흥회를 인도하시러 떠나신 상태였다. 나의 다급한 기도내용을 전혀 모르시고 떠나셨다. 나는 매일 울먹이며 하나님께 졸랐다. 마치 어린 아들이 사랑 많으신 아버지께 구하는 것처럼 친밀하게 믿음으로 기도했다.

그런데 정확하게 토요일 오전에 응답을 받았다. 부흥회에 다녀오신 목사님께서 자전거를 타시고 급하게 내 자취방으로 오셔서 봉투를 전해 주시는 것이다. 그 봉투를 전해 주시며 목사님께서 하신 이야기를 들으니, 역시 하나님의 응답이라는 확신이 들었다.

사연은 이렇다. 시골 교회가 너무 교인도 재정도 부족했기에 목사님은 처음부터 자비량 부흥회를 하겠다고 선포하셨다. 그럼에도 은혜 받은 성도들이 적은 사례라도 드리고 싶어 봉투를 준비해서 드렸다고 한다. 하지만 도저히 받을 수가 없어 되돌려 주기를 3번이나 하셨다고 했다. 그런데 집회를 마치고 돌아오는 길에 목사님께서 탄 버스가 출발하자 회계 집사님이 출발하는 버스 창문으로 봉투를 던지신 것이다. 할 수 없이 차 바닥에 떨어진 봉투를 주었는데, 그 순간 그 봉투 위에 내 얼굴이 뜨더라는 것이다.

'아! 이 봉투의 임자는 송군이구나!'

이 생각에 집에 도착하자마자 내게 그 봉투를 전해주러 오셨다는 것이다. 목사님께서 집으로 가시고 조심스럽게 봉투를 열어보았다. 20만 원! 내가 한 주간 기도한 금액이 들어있었다. 할렐루야! 꼭 필요한 돈만 주셨던 것이다.

> 너희 중에 누가 아들이 떡을 달라 하는데 돌을 주며 생선을 달라 하는데 뱀을 줄 사람이 있겠느냐 너희가 악한 자라도 좋은 것으로 자식에게 줄 줄 알거든 하물며 하늘에 계신 너희 아버지께서 구하는 자에게 좋은 것으로 주시지 않겠느냐 (마 7:9-11)

사람에게 구하지 않고, 믿음으로 하나님께 구했더니 확실한 응답을 보여주셨다. 이 일은 두고두고 내게 큰 간증과 힘이 되었다. 하나님께서 늘 나와 함께 하신다는 확신을 갖게 된 것이다. 하나님은 그렇게 살아계신 분이다. 늘 자녀인 우리의 기도를 들으시고, 우리의 필요를 선하게 채워 주신다.

## 소금물을 마셔라

R.O.T.C 입단 후 아침마다 1시간 먼저 등교해 태권도를 배웠고, 여름방학에는 향토 사단에 들어가 1달간 각종 훈련을 받

았다. 이 훈련을 2년간 성공적으로 해냈다. 그런데 졸업을 하고 광주 보병학교 입소를 위한 마지막 신체검사 준비에서 문제가 발생했다. 대학 3학년 입소 당시의 신체검사는 이상이 없어 입단을 했고 훈련까지 잘 받았는데, 마지막 검사에서 문제가 생긴 것이다. 장교 최하 체중에 미달된 상태가 문제였다.

결국 2년간의 모든 수고가 다 무효가 되어 일반병사로 입대해야 할 위기에 처했다. 얼마나 억울한가! 매일 아침, 많은 시간과 노력을 쏟아 부었는데! 게다가 여름에 받은 2번의 병영 훈련에서 얼마나 고생을 했는가! 처음 입단을 하고 1년 동안 선배들에게 심하게 기압을 받은 것은 어떻게 하나! 이런저런 생각에 잠이 오질 않았다. 하지만 갑자기 체중을 늘리지 못하는 한 포기를 해야 할 상황이었다.

그런데 문득 우리 교회의 충성스런 장로님, 당시 의원을 운영 하시던 이정헌 장로님이 생각났다. 마지막으로 장로님과 상담을 하고 싶어졌다. 오후에 병원을 방문했다. 장로님께서 친절하게 맞아주셨다.

"우리 병원엔 웬일이에요? 어디 아프세요?"

"아니오."

"그럼 무슨 일이에요?"

광주 보병학교를 들어가기 위해 집에서 신체검사를 했는데 체중이 미달되어 걱정이라는 이야기를 드렸다. 정식 육군 병원에 가서 검사를 해서 불합격을 받으면 일반병사로 바뀐다는 이야기까지 드렸다. 장로님은 내 사정을 다 아시고 늘 기도해 주시던 분이셨다.

"아이고, 너무 못 먹은 지가 6년이나 되었으니 왜 이런 일이 생기지 않겠어요."

혀를 차시며 안타까워하시더니 한 가지 제안을 하셨다. 내 귀가 번쩍 뜨였다.

"석홍 형제, 신체검사를 위해 육군 병원에 가는 날 아침에 소금물을 한 바가지를 먹고 가보세요. 체중에 보탬이 될 수도 있어요."

'헉, 소금물요?'

얼마 전 소 장사가 소의 체중을 늘리기 위해 소금물을 잔뜩 먹여 팔아서 문제가 된 기사를 읽은 적이 있었다. 그런데 이제는 내가 먹어야 될 판이었다. 하지만 소금물이든 뭐든 신체검사에 통과만 된다면 뭐라도 할 수 있을 것 같았다.

드디어 신체검사 날 아침이 밝았다. 일찍 일어나 소금을 물에 타서 한 바가지를 만들었다. 조금 조금씩 마셔도 토할 것만 같아서 눈을 질끈 감고 천천히 마셨다. 다 마셨더니 배가 볼록 일어났다. 곧장 병원 신체검사장에 가서 체중계에 올라갔는데 눈금이 간신히 기초 선에 도달했다. 검열관에게 OK를 받았다. 할렐루야! 기분이 날아가는 것 같이 좋았다. 하나님께서 도와주신 것이다.

> 두려워하지 말라 내가 너와 함께 함이라 놀라지 말라 나는 네 하나님이 됨이라 내가 너를 굳세게 하리라 참으로 너를 도와 주리라 참으로 나의 의로운 오른손으로 너를 붙들리라 (사 41:10)

많은 걱정에 시달리던 나를 하나님이 붙잡아 주시고, 사람을 통해 도와주셨다는 확신이 들었다. 만약 그 신체검사에 불합격했다면 일반병사로 군 입대를 했을 것이고. 그렇다면 부대 내 예배 인도는 상상도 못했을 것이다. 사람의 앞을 미리 보시는 분, 하나님의 계획적인 도움이 내 삶을 움직이고 있음을 분명히 믿을 수 있는 사건이었다.

## 온 교회에 기도의 불을!

청주대학교를 입학하면서 C.C.C를 개척하러 오신 이은수 목사님의 손에 붙잡혀 다양한 훈련을 받았다. 정규 주간 예배와 청주대학교 순 예배, 제자훈련을 받았다. 이어 3학년 때는 청주에 있는 대학 전체의 총 순장이 되었다. 자연히 하는 일이 많아졌다.

그중 중요한 사역은 시내 교회들의 금요기도회 부흥을 위해 각 교회를 방문하여 영적 지원을 하는 것이었다. 당시 대개 시내 교회들이 어른 소수가 힘없이 기도회를 갖고 있었는데, 청년 중심으로 모여 뜨겁게 기도해야 한다고 강조하며 학생들과 함께 순회를 했다. 이것이 침체된 개 교회를 살리고, 전국의 모든 교회를 살리는 비결이라 믿었다. 그렇다보니 학생인 내가 기도회를 인도할 때가 많았다. 처음에는 좀 부족했지만 몇 차례 계속 진행하다보니 숙달이 되었고, 은혜 받는 성도들과 학생들이 많아졌다. 기도에 불이 붙는 것 같았다. 어느 정도 시간이 흐르고 나서 그 교회를 출석하는 학생들에게 물으면 "계속 불이 타고 있다."라고 말해 힘이 났었다. 청주의 청년 대학생들이 영적으로 살아나고 있던 것이다.

> 내 이름으로 일컫는 내 백성이 그들의 악한 길에서 떠나 스스로 낮추고 기도하여 내 얼굴을 찾으면 내가 하늘에서 듣고 그들의 죄를 사하고 그들의 땅을 고칠지라 (대하 7:14)

그 당시 많이 읽었던 말씀이다. 온 교회의 뜨거운 회개기도가 나라를 고칠 것이라고 외쳤다. 하나님이 우리에게 어떤 특정한 장소에서 살게 하는 것은 나름의 분명한 이유가 있다고 여겼다. 어쩌면 우리가 지금 살고 있는 그 지역과 도시, 나라를 위해 기도하라는 뜻일 수도 있다는 생각이 들었다.

하나님은 우리에게 긍휼한 마음을 가지라고 하셨다. 긍휼이 무엇인가? 죄 없으신 예수님께서 우리를 위해 죽으신 그 사건이야말로 긍휼을 가장 온전히 설명한 사건이다. 죄인인 우리가 예수님을 통해 구원을 얻고, 하나님의 자녀가 된 것이 모두 하나님의께서 베푸신 긍휼의 결과이다. 그러니 우리는 거저 받은 이 긍휼을 세상에 베풀며 살아야 한다.

우리의 기도로 이 땅이 고쳐지길, 이 땅의 죄인들이 모두 구원을 받는 은혜의 역사가 일어나길 간절히 간절히 기도했다. 내 육신의 삶은 항상 배가 주린 상태였지만, 영적 상태는 뜨거운 충만함으로 사역을 하고 있었다.

## 기적을 만드는 합심기도

어느 날, 이은수 목사님께서 사택을 대전에서 청주로 이전하겠다는 말씀을 하셨다. 대전에 있던 작은 집을 팔아 청주에 땅을 산 후, 회관이 있고 주택이 있는 건물을 신축하신다는 것이다. 비용적인 문제도 있고 해서 외부 건축업자의 손을 최소한 줄이고, 학생들의 노력 봉사를 최대한 늘리기로 했다.

그 계획은 땅을 살 때부터 믿음으로 행해졌다. 온통 주위가 배추밭이었던 곳을 회관 자리로 정하셨는데, 밭주인과는 의논 한마디 없이 결정된 일이었다. 먼저 C.C.C회원들 몇 명과 함께 부지를 보고 나서 기도를 시작했다. 밭에 새끼줄로 표시를 해 놓고, 그 줄을 따라 회원들이 둘러서서 이 땅을 허락해 달라고 간청 기도를 드렸다.

"주님! 이 땅의 주인이 누군지 모르지만 이 땅을 팔게 해 주십시오! 이 땅을 우리에게 주세요!"

큰 소리로 합심기도를 드리는데 지나가던 사람들이 서서 우리기도를 듣고 있는 것이다. 얼마나 웃겼을까? 아마 정신이 이상한 사람들이라며 비웃었을지도 모른다. 기도가 끝났을 때 우리들도 약간 겸연쩍었으니 말이다.

이런 일이 몇 차례 더 있었고, 그 땅은 결국 우리 땅이 되었다. 할렐루야! 기도가 이루어졌다고 다들 얼마나 좋아했는지 모른다. 성경도 믿음의 기도는 역사하는 힘이 있다고 하지 않았던가! 엘리야는 일기(日氣)까지 바꾸는 믿음의 기도를 한 것으로 유명하다. 누구든지 순전하게 믿음으로 기도하면, 큰 역사는 반드시 일어난다.

> 엘리야는 우리와 성정이 같은 사람이로되 그가 비가 오지 않기를 간절히 기도한즉 삼 년 육 개월 동안 땅에 비가 오지 아니하고 다시 기도하니 하늘이 비를 주고 땅이 열매를 맺었느니라 (약 5:17-18)

그 후에 학생들은 있는 힘을 다해 건축헌금을 작정했다. 어떤 친구는 시내버스를 타지 않고 걸어 다니며 돈을 모아 헌금했고, 어떤 친구는 점심밥을 굶으며 돈을 모아 드리고, 어떤 친구는 의도적으로 과외 공부를 하며 그 사례금을 바쳤다. 이런 간증을 들을 때마다 얼마나 마음에 큰 감동이 왔는지 모른다.

뿐만 아니라 많은 학생이 하교 후 회관 터로 모여 직접 공사에 손길을 보탰다. 건축에 쓸 돌을 줍는 일, 무심천변에서 모래를 채취해서 대야로 운반하는 일 등 모두 한마음이 되어 개미처럼 봉사했다. 전국 C.C.C중에 청주 C.C.C가 유명하게 된 것도 이런 봉사가 소문났기 때문이다.

드디어 건물이 완공되고 입주를 했다. 학생들 손으로 직접 지은 터라 외모가 멋있는 건물은 아니었다. 하지만 그 어떤 멋진 건물보다 특별했다. 더욱 애정이 생겼고, 더욱 아끼게 되었다. 뜨거운 계절을 보낸 만큼 우리의 신앙도 부쩍 성장해 있었다.

## 하나님과 동반 입대

70년 초, 이른 봄에 대학을 졸업하고, 3월에 군 입대를 했다. 자대에 배치되기 전 4개월 동안 장교 보충교육을 받아야 했다. 그때는 광주 보병학교에서 훈련을 받았다. 광주로 가는 차량 주위에는 입대자 부모님들과 형제들이 엄청나게 모여 환송을 하곤 한다. 그런 자리마다 나는 늘 예외의 인물이었다. 아무도 나오지 않았기 때문이다. 아직까지 노여움이 풀리지 않으신 아버지도, 청주로 오는 차에서도 심한 차멀미를 하시는 어머니도 못 오셨다. 홀로가 익숙한 터라 별 상심 없이 광주 보병학교에 도착했다.

오리엔테이션에 이어 본격적인 훈련이 시작되었다. 하루 종일 많은 훈련을 하다 보니 배도 고프고 힘들었다. 친구들은 군 PX에서 빵을 사서 몰래 몰래 체력을 보충하곤 했다. 용돈을 여유 있게 받으니 그런 일쯤은 별 문제가 아니었다. 돈이 없었던 내가 늘 문제였다. 친구들도 그런 나를 보며 걱정을 했다. 4개월을 잘 버틸 수 있을지 말이다. 원래 소금물을 먹고 입대한 가냘픈 몸매인데다 돈이 없어 남들처럼 빵도 못 사먹었기 때문이다.

훈련기간 중 매일 아침, 저녁마다 똑같은 기도를 드렸다.
"하나님, 오늘 하루도 낙오하지 않도록 붙잡아 주십시오!"

"하나님, 하루 종일 잘 견디고, 아무 사고 없이 일과를 끝내게 해주셔서 감사합니다."

조석으로 간절한 기도를 드린 덕일까. 1달이 훌쩍 지나갔다. 유격훈련이 지나고, 공수훈련도 지나갔다. 이런 고된 훈련을 받을 때마다 내가 낙오자 0순위로 꼽혔는데, 오히려 나보다 더 크고 몸집이 좋은 친구들이 낙오되곤 했다. 낙오가 되면 후방으로 후송된 후 일반병사로 재 입대해야 한다. 그러기에 낙오되지 않게 해달라는 내 기도는 더욱 간절했고 절박했다. 그렇게 하나님만을 의지함으로 하루하루가 순조롭게 지나갔다.

나약하고 부족한 나에게 하나님은 세상 무엇과도 견줄 수 없는 큰 힘이 되어주셨다. 내 힘이 되실 뿐 아니라 나의 반석, 나의 요새, 나의 바위, 나의 방패, 구원의 뿔이 되심이 너무 감사했다. 힘든 훈련을 할 때마다 하나님의 손이 나를 붙들어 주시는 것 같았다. 예상 외로 힘든 훈련들을 너무 쉽게 넘기고 있었다.

나의 힘이신 여호와여 내가 주를 사랑하나이다 여호와는 나의 반석이시요 나의 요새시요 나를 건지시는 이시요 나의 하나님이시요 내가 그 안에 피할 나의 바위시요 나의 방패시요 나의 구원의 뿔이시요 나의 산성이시로다 (시 18:1-2)

다른 친구들은 일요일이 해방의 날이자 영양 보충을 하는 날이었다. 부모님들이 전국 각지인 서울에서, 부산에서, 대전에서 먹을 것을 잔뜩 싸가지고 면회를 오기 때문이다. 면회장에 다녀온 친구들의 얼굴은 환해져 있다. 새 힘이 솟는다고 들했다.

하지만 나의 일요일은 달랐다. 교회에 가서 주일 예배를 드리고 돌아와 온종일 홀로 내무반에 앉아 휴식을 취했다. 면회를 다녀온 친구들 옷에서 간혹 구운 닭고기 냄새가 날 때는 나도 먹고 싶어 침이 넘어가지만 어쩔 수가 없었다. 가끔은 부모에게 버림받은 비참한 생각이 잠깐씩 스쳐가기도 했다. 그러나 곧 머리를 털어버리고 깨끗하게 비웠다. 슬퍼하면 나만 더 힘들어질 것 같아 속히 머리를 청소했는데, 지금 생각해도 지혜로웠다 자부한다.

성경에 유대 청년 다니엘과 세 친구들은 바벨론 포로 시절, 의도적으로 왕이 주는 부정한 고기와 포도주를 금하고 야채만을 먹었는데 얼굴이 더욱 빛났다고 했다.

> 열흘 후에 그들의 얼굴이 더욱 아름답고 살이 더욱 윤택하여 왕의 음식을 먹는 다른 소년들보다 더 좋아 보인지라 (단 1:15)

내 얼굴도 친구들 못지않게 빛났다. 비록 육적으로는 굶주렸지만, 영적으로는 하나님의 사랑을 배불리 먹었기 때문이다.

## 첫 달 월급과 전액 십일조

입대 후 첫 한 달이 지나자 난생 처음으로 국가에서 지급하는 월급이라는 것을 받아보았다. 왜 그렇게 신기하고 고마웠던지! 물론 다해도 부잣집 아이들의 용돈만큼도 안 되는 적은 돈이었지만, 내게는 엄청 큰돈이었다. 다른 훈련생들은 그 월급 전체가 거의 빵 값으로 나가는 것 같았다. 하지만 나는 그렇지 않았다.

먼저 십일조를 떼어서 등기 우편으로 모 교회인 서남교회에 헌금하자고 마음을 먹었다. 그러다가 마음이 바뀌었다. 받은 돈 전부가 하나님께서 주신 물질임을 고백하고 싶어졌다. 또 어려울 때 밥을 먹여주시고 돌봐주신 교회에 너무 감사하다는 표현을 하고 싶어졌다. 그래서 월급 전체를 다 드렸다. 원래 십일조 헌금은 하나님께서 다 주셨지만 10의 9는 자기를 위해 쓰고, 10의 1을 하나님께 드리라 하신 것이다. 사람들이 십일조를 드리지 못하는 이유는 모두가 내가 벌어드린 내 돈이라는 생각을 갖고 아까워하기 때문이다.

훈련 중인 데다가 부모로부터 외면 받아 빈궁한 처지였으니 그 돈을 다 써도 모자랄 것 같은 상황이었다. 그런데도 월급 전체를 드리고 나니 왠지 기분이 상쾌해지고 가벼웠다. 그다음 달부터는 정상적으로 십일조 헌금을 드렸다. 드리고 남은 돈도 아껴서 쓰니 전혀 모자람이 없었다. 서남교회 성도들이 나를 위해 더 간절하게 기도해 주시는 것이 믿어졌다.

> 네 재물과 네 소산물의 처음 익은 열매로 여호와를 공경하라 그리하면 네 창고가 가득히 차고 네 포도즙 틀에 새 포도즙이 넘치리라 (잠 3:9-10)

그때 재정 관리가 중요함을 배웠다. 아무리 수입이 적어도 성경적으로 알뜰하게 쓰면 돈을 모을 수가 있다. 그러나 생각 없이 쓰면 늘 빚을 지기 마련이다. 친구들 중에는 월급만큼 집에서 매달 보조를 받는데도 PX에 외상값이 많은 이가 있었다.

십일조를 드리면서도 내 재정은 모자람이 없고, 기분은 나날이 상쾌해졌다. 그다음 달부터는 저축도 할 수 있었다. 하나님께서 축복하셔서 새 포도즙이 넘치게 하시는 것이라 믿었다.

## 나의 가장 든든한 돕는 자

매일매일 긴장 속에 시간은 흘렀다. 입대했던 3월의 찬바람도 가시고, 6월이 되자 본격적인 더위철로 들어섰다. 훈련 초기에는 야외 교육장으로 나가 훈련하는 날이면 살을 에는 찬바람 때문에 고생했는데, 6월이 되자 하루 종일 지내도 추워서 떨 필요가 없었다. 오히려 햇빛을 많이 받는 산악에선 더위 때문에 고생이었다. 옆구리에 달린 수통으로 손이 자주 가니 금방 물이 떨어졌다. 한 번은 산악 전투훈련 중 빨간 색깔 장구벌레가 놀고 있는 논바닥 물을 엎드려 핥아 먹었던 적도 있다. 지금은 나라에서 충분히 먹을 수 있는 물이라고 그렇게 광고를 해도, 별도로 물을 사먹고 있지 않은가? 누구든지 주리고 목 말라봐야 그 사정을 알 수 있고 낮아질 수 있다. 지금은 모두 너무 배가 부르니 불만이 나오는 것 같다.

4개월이 다 지나고 자대로 배치되는 날이 왔다. 졸업식 전날에 광주 시내가 훈련생 부모들로 가득했다. 평상시 일요일 면회 때보다 더 많이 오신 것 같았다. 모두 졸업식에 관심이 있었고, 그것보다 더 중요한 이유는 마지막에 군 관계자에게 줄을 대서 자녀를 안전한 후방부대에 배치 받고자 함 때문이었다.

나는 역시 아무도 오지 않았다. 돈을 들여 뒤를 봐줄 사람을 구할 수도 없는 처지였다. 하는 수 없이 하루 종일 빈 내무반을 지키며 기도로 시간을 보냈다.

"하나님, 내일 부대 배치를 받습니다. 마음껏 전도할 수 있는 부대로 가고 싶어요. 하나님께서 제게 좋은 줄을 대주셔서 저를 그런 부대로 보내주세요!"

내가 믿을 건 오직 하나님뿐이었다. 하나님께 내 길을 맡겨드렸더니 정말 기도한 대로 응답이 되었다. 중동부 전선인 15사단 50연대로 배치가 된 것이다. 최전방 철책선에서 밤새 보초를 서는 부대였다. 광주에서 기차를 타고 용산 역에서 내려 군 트럭으로 춘천을 거쳐 전방으로 올라갔다. 마치 하루 종일 이동하는 것 같았다. 길에 차 먼지가 가득했던 흙길을 달려 도착해보니 최전방의 높은 산악지역 부대였다. 후에 보니 그곳이 전도하기가 제일 좋은 부대였다. 할렐루야!

네 길을 여호와께 맡기라 그를 의지하면 그가 이루시고 (시 37:5)

하나님은 내 형편과 내 능력을 잘 아신다. 나를 가장 잘 아시니 당연한 일이다. 그래서 나에게 가장 맞는, 가장 적절한 장소를 찾아주신 것이다.

## 두 번째 신앙 테스트

부대에 도착하니 여러 선배 장교가 나와서 환영을 해주었다. 내 보직은 1대대 3소대장이었다. 소대원 40명의 열렬한 환영도 받았다. 기분 좋은 시작이었다.

그러던 어느 날, 대대 장교들의 환영 식사 자리에 참석했다. 대대장님을 위시해서 참모들과 중대장들, 그리고 신임소대장들이 참석하는 자리였다. 아니나 다를까. 대대장님의 지시를 따라 맥주깡통이 돌아가고, 이어 건배를 하는 시간이 되었다. 대대장님 건배사를 듣고 일제히 "위하여!" 함성을 외치고 마셔야 했다. 당연히 나는 마음이 허락하지 않았다. 아직 술을 입에 대 본적도 없었고, 하나님이 싫어하실 것 같아서였다. 조용히 상 밑으로 깡통을 내려놓았다. 대대장님이 이를 눈치 채셨는지 기분이 약간 언짢아 보이셨다.

"송 소위, 한 잔 하지?"

대대장님이 두어 번 권면을 하셨고, 이어 바로 위 선배 장교들이 한마디씩 거들었다.

"송 소위! 대대장님께서 직접 권하시는데 지금 뭐하는 건가?"

강권을 하더니 나중에는 억지로 내 입을 열고 부으려고 했다. 나는 끝까지 저항을 하며 버텨냈다. 분위기는 싸해졌지만, 무슨 용기에서였는지 그리했다. 그 때 대대장님의 한마디가 들렸다.

"저 송 소위는 찰떡 신자인 것 같다! 괜히 우리 분위기만 깨지니 숙소로 돌려보내!"

그렇게 해방되어 술 파티에서 나왔다. 다행히 이후로 부대의 술 마시는 회식 자리는 늘 빠지게 됐다. 처음 순간을 넘기기가 어려웠는데, 담대하게 이기고 나니 그다음은 편안해졌다. 당시 교회를 다니다가 나와 같이 부대 배치를 받은 친구 하나가 있었다. 그 친구는 결국 유혹을 이기지 못하고, 술자리에 푹 빠졌다. 훗날 군 생활동안 대대장님은 이런 농담을 자주 하셨다.

"송 소위는 진짜 신자! 아무개 장교는 가짜 신자!"

시험을 이기게 하심도 하나님의 은혜였음을 믿는다.


사람이 감당할 시험 밖에는 너희가 당한 것이 없나니 오직 하나님은 미쁘사 너희가 감당하지 못할 시험 당함을 허락하지 아니하시고 시험 당할 즈음에 또한 피할 길을 내사 너희로 능히 감당하게 하시느니라
(고전 10:13)


두 번째 작은 시험이 그렇게 지나갔다. 먼저는 어려운 훈련 기간 중에 십일조 헌금을 드리는 시험이었고, 이번엔 술 마시

는 시험이었는데 통과한 것이다.

마태복음 4장에 보면 예수님께서 40일 동안 금식기도를 마친 직후 세 가지 시험을 당하신 일이 나온다. 먹는 것에 대한 시험과 하나님의 능력을 시험해보라는 충동, 마지막은 세상의 부귀와 영광을 주겠다며 사단에게 경배하라는 유혹이었다. 하지만 이 모든 시험을 예수님은 오로지 말씀으로 물리치셨다. 하나님의 살아있는 말씀이 권능이 되어 사단의 시험을 물리치신 것이다. 이 사건을 통해 우리 역시 예수님처럼 어떠한 시험을 당할지라도 이길 수 있고, 이겨야 한다는 본을 보여주셨다.

성도의 길엔 언제나 누구에게나 시험이 있기 마련이다. 경중의 차이는 있을지언정 시험을 피해갈 수 있는 사람은 누구도 없다. 그러나 하나님은 감당치 못할 시험은 결코 주시는 분이 아니다. 때로 이기지 못할 것 같은 험난한 시험을 만났다면 이렇게 고백하면 된다.

"하나님, 저를 이렇게까지 강한 사람으로 만드셨군요!"

하나님께서 약속하신 천국은 시험을 이기는 사람에게 주어지는 축복이다. 삶 가운데 시험을 이기는 기쁨을 맛보며, 은혜를 경험하는 것! 이것이 성도에게 주어진 특권이다.

## 마른 뼈가 주님의 강한 용사로

철책선 보초 임무를 맡는 동안엔 소대 단위로 취사를 했다. 소대원 40명만 따로 식사를 하니 그때는 말 그대로 내가 대장이다. 부대의 소대장 전령병이 매끼마다 내게 고기와 밥을 준비해 주었다. 입대 전 학생 때는 구경하기도 힘든 맛있는 밥상이었다. 이렇게 1년을 잘 먹었더니 소금물을 먹고 간신히 체중 합격을 받았던 내 몸에 살이 찌기 시작했다. 그제야 정상 체중이 된 것이다. 마치 에스겔 선지자가 본 환상이 이루어지는 느낌이었다. 하나님의 명령에 따라 마른 뼈 시체가 생기 넘치는 군대로 바뀌는 환상 말이다.

> 이에 내가 명령을 따라 대언하니 대언할 때에 소리가 나고 움직이며 이 뼈, 저 뼈가 들어 맞아 뼈들이 서로 연결되더라 내가 또 보니 그 뼈에 힘줄이 생기고 살이 오르며 그 위에 가죽이 덮이나 그 속에 생기는 없더라 또 내게 이르시되 인자야 너는 생기를 향하여 대언하라 생기에게 대언하여 이르기를 주 여호와께서 이같이 말씀하시기를 생기야 사방에서부터 와서 이 죽음을 당한 자에게 불어서 살아나게 하라 하셨다 하라 이에 내가 그 명령대로 대언하였더니 생기가 그들에게 들어가매 그들이 곧 살아나서 일어나 서는데 극히 큰 군대더라 (겔 37:7-10)

희망이 없는, 아니 아주 연약하고 죽어가는 사람도, 망한 국가도 하나님께서 역사하시면 새롭게 변화되고 살아난다는 믿음의 메시지다. 내 육체가 회복되자 정신도 안정되고 영도 평안해져만 갔다. 만약 초등학교 5학년 때 교회에 가서 하나님을 만나지 못했다면, 내 인생은 계속 영적으로 마른 뼈와 같았을 것이다. 그러나 하나님께서 내 마른 영에 생기를 불어넣으셔서 나를 만나주시고 새롭게 하시니, 나는 날마다 주님 안에서 강한 용사로 거듭났다.

그때 하루하루 하나님의 친절하고 섬세한 사랑을 느꼈다. 내 처지와 형편에 맞는 방법으로 당신의 살아계심과 일하심을 날마다 전하셨으니 말이다. 오늘도 하나님은 우리를 위해 그렇게 일하고 계신다.

## 예배의 능력이 선한 변화로

내가 우리 부대가 제일 전도하기 좋은 부대였다고 생각하는데는 몇 가지 이유가 있다.
첫째, 철책선에서 보초 서는 부대는 일체 바쁜 훈련이 없다
둘째, 휴가병 이외에 부대원들의 외출이 일체 금지된다.
셋째, 소대장의 명령에 권위가 주어진다.

1주일 내내 밤에는 근무를 서고, 낮에는 잠과 휴식으로 시간을 보내는 우리 40명의 소대원에게 전도를 시작했다. 어찌 생각해보면 모든 대한민국 군인 중에 제일 돈 없고 배경 없는 집의 자제들이었다. 그런 생각을 하니 안타까운 마음이 들었다. 그 모든 상황과 여건이 빨리 전도를 해야 한다는데 한 몫을 했다.

주일날 오전, 잠에서 깬 소대원들과 함께 예배를 드리며 전도를 시작했다. 소대원이 100% 다 모여 주었다. 후방 부대 같으면 전혀 꿈도 꾸지 못할 일이 실제로 일어난 것이다. 후방 부대는 소대장이 선한 의욕을 가지고 있어도 주말에 면회나, 외출을 나가고 해서 부대원들이 한 자리에 모일 수가 없는 것이 현실이다. 그러나 나는 행복한 전도 시간을 가졌다.

예배시간에 부를 찬송은 쉬운 곡으로 택했더니 옛 추억을 더듬으며 잘 따라했다. 문제는 어떤 설교를 해야 하냐였다. 문득 대학시절 C.C.C에서 배운 4영리 Four Love Laws 소책자를 설명해야겠다는 생각이 들었다. 신학을 공부하진 않았지만 C.C.C회원들 앞에서 활동한 경험이 있어 그렇게 어렵지는 않았다. 제일 기분이 좋았던 것은 부대원들이 일체 복종하는 것, 예배시간에 청종하는 것이었다.

소대원 40여 명이 일사불란하게 예배를 드린 지 5개월 정도 지났을 때이다. 예수를 영접한 친구들이 여럿 있었다. 영접까지는 못했어도 예수님과 친근하게 된 소대원들도 많았다. 그래서인지 소대 분위기가 가족 같은 분위기로 바뀌었다. 선임병의 후임병 구타와 기압이 확연히 줄고, 담배와 건빵, 각종 내복 등의 보급이 공평하게 이루어졌다. 그리고 소대별 작업이 명해지면 서로 협력해서 빨리 완결되었다. 급기야 대대 내 선배 장교들로부터 우리 소대가 가장 화목하고 평안한 소대라는 칭찬까지 듣게 되었다. 하나님께 예배를 드리면서 내가 많은 보너스를 얻은 셈이다. 할렐루야!

> 주의 의로운 규례들로 말미암아 내가 하루 일곱 번씩 주를 찬양하나이다
> 주의 법을 사랑하는 자에게는 큰 평안이 있으니 그들에게 장애물이 없으리이다 (시 119:164-165)

하루에 7번은 못해도, 1주일에 1번은 정성껏 예배를 드렸는데 큰 평안이 임하고, 부대가 변하는 기적이 일어났다.

하나님께서 우리에게 주신 최고의 선물은 바로 교회와 예배이다. 인류 역사를 보더라도 영원할 것만 같았던 로마제국은 망했지만 교회는 여전히 존재한다. 사도행전을 보면 하나님은 교회를 통해 역사하셨고, 그것은 지금도 마찬가지이다. 개인의 예배가 회복되면 개인의 변화로 끝나지 않고, 가족과 공동체가 하나님께로 돌아오고 회복되는 역사가 일어나게 된

다. 가족과 공동체를 깨우는 선한 영향력이 발휘되는 것이다.

기질과 지식보다 앞서는 것이 성령이다. 아무리 용감한 기질을 가지고 있더라도 성령이 없이는 담대할 수 없고, 아무리 뛰어난 지식을 가지고 있어도 성령 없이는 순종하지 못한다. 이러한 담대함과 순종이 바로 예배를 통해 길러지는 것이다.

예배의 능력이 여기에 있다. 예배를 통해 큰 평안이 임하고 부대가 변한 것은 어쩌면 당연한 결과였다. 모든 것이 은혜가 아니고서는 가능하지 않은 일이었다. 은혜 아니면 설명할 수 없는 일이었다.

## 700명의 기적

하루는 대대장님께서 부르셨다. 대대장님은 전중섭 중령이셨는데, 예수를 믿지 않으시는 불신자였다. 호출을 받고 급히 대대장님이 계시는 대대 사무실로 갔다.

'내가 무슨 잘못을 했나?'

처음으로 독대를 하는 일인지라 조심스러운 마음이 들었다. 그런데 이게 무슨 날벼락인가! 너무나 놀라운 말씀을 하는 것이다.

"송 소위! 이제부터 너희 소대원만 예배드리지 말고, 우리 대대원 전체가 예배드리도록 해라."

"네?"

듣고도 믿을 수 없었다. 그런데 잠시 후 사정 이야기를 들어보니 이해가 되긴 했다. 대대장님은 우리 소대가 예배를 드리는 것을 알고 계셨다. 그런 중에 우리 소대가 대대를 대표해서 사단 검열을 받았는데 사단 내에서 모범 대대로 인정받은 것이 이유였다. 사단 감찰부에서 장교들을 순회 시켜서 전 사단 내 부대의 정신전력 측정 검열을 받았는데, 그 때 사단 내에서 1등을 한 것이다. 그래서 대대장님이 대령 진급예정자가 되었다. 큰 영광이 대대장님에게 임한 것이다.

군대를 다녀온 사람은 알겠지만 '소원수리'라는 것이 있다. 소대원 한 사람 한 사람이 백지에 부대 내 부정부패를 고발하는 진술서이다. 구타를 당하거나, 식사 양과 질의 문제, 보급품을 불평등하게 받는 일 등 부대 내 부조리를 무기명으로 써내는 것이다. 그러니 지휘관들은 소원수리를 할 때마다 신경을 많이 쓰고 염려를 많이 한다. 그런데 이런 일이 영전되는 길을 열어주었으니 대대장님은 좋으셨던 것이고, 또 정신전력 강화 차원에서 대대 전체가 예배를 드리는 것이 좋겠다는 판단을 하신 것이다.

나는 당장 거절했다. 내 지휘를 받는 40명의 소대원은 몰라도, 700명의 대대원을 상대할 자신은 없었다. 거기에는 타

소대원을 비롯해, 나보다 군 생활을 먼저 시작한 선배 장교와 고참 하사관들이 많았다. 그 앞에 서서 매 주일마다 예배 인도와 설교를 한다는 것이 나로서는 전혀 엄두가 나지 않았다. 그래서 상급 부대인 연대에 근무하는 군종 목사님을 모시자고 제안했는데 단칼에 거절하셨다. 이유는 연대급 부대를 위해 근무하는 목사님을 대대급에서 매 주일 모신다는 것이 불가능하다는 것이다. 그리고 또 하나의 이유는 내가 인도해도 가능할 것이라고 믿었기 때문이다.

하지만 2차로 거절했다.

"대대장님, 저는 보병 장교로 소대장 직무를 감당하는 사람일 뿐입니다. 전문 신학대학을 졸업한 목사가 아니니 대대원 모두의 예배를 인도하기엔 부적합합니다."

나름 논리를 세워 답을 했다고 여겼는데 대대장님의 답변이 황당했다.

"송 소위! 군대는 명령으로 보직을 결정한다는 것 알고 있지? 내가 오늘 송 소위를 목사로 임명하겠다!"

목사가 되려면 1차로 3년 과정의 신학대학을 졸업해야 하고, 목사고시를 합격해야 하고, 목사안수를 받아야한다. 이런 복잡한 과정을 이해하지 못하셨고, 또 이해하려고 하지도 않으셨다. 그야말로 막무가내로 우기시는 것이다.

"당장 이번 주부터 대대 사무실 뒤 야산에 야외 교장을 만들 거야. 거기에 모여 예배를 드리도록 해라. 알겠지? 명령이야!"

정말 믿을 수 없는 일이 일어났다. 물론 그 당시에는 너무 당황스러웠지만 훗날 생각해보니 이 얼마나 복음 전하는 길이 확장되는 축복인가! 이일을 두고 뒤늦은 깨달음이 왔다. 광주 보병학교에서 훈련받는 동안 기도했던 대로 하나님께서 이루어 가신 것이다. 복음을 전할 수 있는, 최고로 자유스러운 부대로 배치해 달라고 기도하지 않았던가!

> 일을 행하시는 여호와, 그것을 만들며 성취하시는 여호와, 그의 이름을 여호와라 하는 이가 이와 같이 이르시도다 너는 내게 부르짖으라 내가 네게 응답하겠고 네가 알지 못하는 크고 은밀한 일을 네게 보이리라 (렘 33:2-3)

하나님은 우리의 기도를 100% 응답하신다. 그런데 우리가 기도한 것을 받으면서도 마지막까지 못 믿는 경우가 많다. 응답을 주셨음에도 의심하고 불안해하는 것이 부족한 우리의 모습이다. 그때의 내가 그런 부끄러운 모습을 하고 있었다.

## 하나님의 예배 준비

주일 날 대대장님은 보통은 부대 밖에 있는 사택에서 외박을 하시고, 사적인 일을 보신다. 그런데 첫 주일 예배를 위해서 대대장님이 솔선수범을 하실 뿐 아니라 열심을 다해 집회를 만들어 주셨다. 직접 대대 장교들을 지휘해서 교장으로 나오게 하시고, 전 대대 병사들을 한 사람도 내무반에 남기지 말고 다 모이도록 명령을 내리셨다. 그래도 소대마다 특수한 이유로 내무반에 소수가 남은 것이 발견되니 전 소대원이 기압을 받기까지 했다. 결국 다 모일 때까지 시간을 연장하며 호령으로 이끌어 가셨다.

참 이례적인 일이 벌어진 것이다. 믿는 분도 아니었으니 도무지 설명할 길이 없는 특별한 사건이었다. 보통은 선임 중대장에게 위임하고, 당신은 사택에서 보고만 받으셔야 되는 일인데 그렇게 하지 않으셨다. 만약 대대장님이 집회 전체를 위임하고 현장에 계시지 않았다면, 내 선임 장교들을 위시해서 고참 하사관들은 거의 참석하지 않았을 것이다. 그런데 대대장님이 직접 호령을 하시니 부대 전원이 모였다. 부대 내 비상훈련이 일어난 상태였다.

대대장님은 부대원 전부가 모인 것이 확인되자 부대원들에게 예배를 드리게 된 이유를 간단히 설명하시고 강력한 선포를 하셨다.

"이제부터 매 주일마다 예배를 드리겠다!"

그러더니 나를 향해 말씀하셨다.

"목사님! 시작하시죠."

얼마나 무안하고 송구스러웠는지…! 드디어 부대에서 임명받은 가짜 목사가 처음으로 강단에 섰다. 대대장님은 자리를 떠나지 않으시고 앞자리에 앉으셔서 예배를 드리셨다. 또 내 설교를 경청하셨다. 전체 예배 분위기가 쉽게 잡혀졌다.

예배는 찬송으로 시작해서 대표기도를 드리고, 내가 설교를 하는 것으로 진행되었다. 설교는 또 다시 4영리를 풀어서 설명하는 것으로 했고, 내 간증을 섞었다. 어떻게 했는지 기억나지도 않을 만큼 아찔한 첫 예배가 그렇게 드려졌다.

예배의 대표기도 순번을 정하는데 먼저 부대 내 믿음이 있는 병사를 찾아 세웠다. 순번이 다 돌아가면 무조건 고참 하사관들을 순서대로 시켰다. 본인이 예수를 믿든 믿지 않든 개의치 않고 시켰더니 기도 시간이 부대원들에게 웃음꽃을 피우는 기도문 낭송 시간이 되었다. 교회에 다녀본 경험이 없는 중·상사들이 믿는 병사들에게 PX에서 빵을 듬뿍 사주며 기도문 원고 부탁을 했기 때문이다. 늘 하대하던 병사에게 사정사정하며 기도문을 받았을 것이다.

한 달 두 달 예배가 계속되며 자리를 잡아 갔다. 그러는 중 성탄절이 돌아왔다. 부대원들, 예배드리는 우리 병사들에게 선물을 주었으면 좋을 것 같아 기도했다. 그랬더니 C.C.C와 청주 서남교회에서 위문품으로 캔디와 초콜릿, 도서 등을 많이 보내 주었다. 나누는 기쁨을 만끽하는 시간이었다. 시편의 찬양이 절로 흘러나왔다.

> 할렐루야 하늘에서 여호와를 찬양하며 높은 데서 그를 찬양할지어다 그의 모든 천사여 찬양하며 모든 군대여 그를 찬양할지어다 해와 달아 그를 찬양하며 밝은 별들아 다 그를 찬양할지어다 하늘의 하늘도 그를 찬양하며 하늘 위에 있는 물들도 그를 찬양할지어다 그것들이 여호와의 이름을 찬양함은 그가 명령하시므로 지음을 받았음이로다 (시 148:1-5)

성탄절은 모든 피조물이 아기 예수께 찬양과 경배를 드리는 날이다. 그런 성탄절에 우리 부대 군인 모두도 기쁨으로 동참했다. 성탄의 의미가 부대 안에 사랑으로 가득 차고 넘쳐 흘렀다. 하루하루 하나님의 은혜가 부대에 충만해져 갔다.

## 군 장병 합동 세례식의 역사

1972년 6월, 제대가 코앞으로 다가왔다. 하나둘 군 생활을 정리하면서 드는 생각이 있었다.

'그동안 믿음을 갖게 되고, 예배를 잘 드린 부대원들에게 세례를 주었으면 좋겠는데….'

고민 끝에 연대 군종 목사님께 문의를 했더니 대 찬성이다. 재빨리 계획을 세웠다. 세례식 주례자로 은사이신 김준곤 목사님을 모시고 싶어 연락을 드렸더니 바쁘신 중에도 허락해 주셨다. 세례식 당일에 필요한 성구는 군종 목사님께서, 축하떡은 연대장님 사모님께서 해주시기로 하셨다. 모든 준비가 차근차근 진행되고, 마지막으로 세례 받기를 원하는 지원자를 조사해보니 300명 정도가 되었다. 할렐루야! 찬양이 저절로 나왔다.

드디어 세례식 당일. 야외 연병장에 300명이 열을 지어 앉았고, 세례준비가 완료되었을 때 내 눈에 감사의 눈물이 넘쳐 흘렀다. 어린 시절 교회 선생님의 친절함에 매료되어 처음 예수님을 알게 되고, 갖은 시련과 핍박 속에서 지켜낸 신앙이 이렇게 큰 열매를 맺게 되다니…. 지난 시간동안 나와 함께해 주신 하나님의 은혜를 생각하니 가슴 깊은 곳이 뜨거워졌다. 김준곤 목사님의 설교에 이어 세례식이 거룩하게 진행되었다. 우리 부내 내 천국 백성들이 탄생되는 순간이었다. 나도 그렇게 기쁘고 울컥했는데, 우리 하나님께서 얼마나 더 기뻐하셨을까! 예식 후 떡 파티도 너무 좋았다. 독실한 신자인 연대장 사모님은 정성껏 준비한 맛있는 떡으로 세례식을 축복해주셨고, 예식 내내 기뻐서 어쩔 줄을 몰라 하셨다.

행사를 마치고 나서 우리 세례식이 당시 1군 사령부의 사령관인 한신 장군에게까지 보고되었다는 사실을 알게 됐다. 세례 전 매주 예배가 있었다는 이야기며, 예배를 통해 부대가 화목해지고 단합되었다는 이야기, 부내 내 사고가 줄었다는 이야기까지 보고된 것이다. 그 보고를 받은 한신 장군은 부대 지휘에 큰 결심을 했다. 1군 전 장병을 대상으로 '신자화(信者化) 운동'을 해야겠다는 결단이었다. 즉시 김준곤 목사님을 사령부로 초청해서 신자화 운동에 대해 의논하셨다. 그 후에 최전방 부대 대대장급 이상 간부들을 사령부로 소집해 몇 조로 나누어 세미나를 갖고, 마침내 전 1군의 신자화 운동을 선포하셨다. 기독교에서 시작되었지만 부대 내 불교 신자나 천주교 신자를 의식해서 신자화 운동이라 명명한 것이다. 그 후 전방부대 내 예배가 활발하게 드려졌고, 예배 인원이 크게 늘어났다. 군 장병 세례식이 꼬리를 물고 여기저기서 불같이 일어난 것이다. 우리 부대의 세례식이 기폭제가 된 셈이다.

그런 기적 같은 일이 무명의 초급 장교인 나를 통해 시작되었다는 것이 감개무량했다. 지금 생각해도 감당할 수 없는 큰 은혜와 축복이다. 말 그대로 그날의 세례식은 분명 큰 역사적 사건이었다. 그 기적 같은 사건의 중심에 하나님께서 나를 세워주셨다. 모든 것이 하나님의 은혜임을 알기에 감사할 뿐이다.

> 내 사랑하는 형제들아 들을지어다 하나님이 세상에서 가난한 자를 택하사 믿음에 부요하게 하시고 또 자기를 사랑하는 자들에게 약속하신 나라를 상속으로 받게 하지 아니하셨느냐 (약 2:5)

하나님은 미천한 자를 불러 크게 쓰시는 분이다. 사역자들이 늘 유혹받고 속는 것 중 하나가 하나님도 인간이 잘나고 유명해야 쓰신다는 생각이다. 하지만 전혀 그렇지 않다. 하나님은 스스로가 능력이 크신 분이니 우리의 능력은 필요하지 않다. 오히려 사역자들의 능력보다 꿈과 기도를 보며 도우시는 분이다. 우리의 미련한 것으로 지혜 있는 자들을 부끄럽게 하시고, 우리의 약함으로 강한 것을 이기게 하시는 분이 바로 우리 하나님이시다.

## 종결된 아버지의 핍박

군 생활 2년차였던 71년 초봄, 음력 3월 3일에 아버지께서 돌아가셨다. 53세, 아직 한참은 더 활동하실 젊은 나이셨는데 너무도 갑작스레 떠나셨다. 저녁 식사까지 정상으로 잘 하시고, 사촌 동생과 대화를 나누시다 갑자기 혈압이 올라 그 자리에서 쓰러지셨다고 했다. 급히 택시를 불러 청주에 있는 병원으로 옮겼지만 의사들이 손도 대보지 못하고 돌아가셨다는 것이다.

갑작스러운 사고로 집안은 난리가 났다. 급히 장례식이 거행되었고, 여러 친족이 다 모였다고 했다. 그런데 정작 나는 가질 못했다. 아버지께서 돌아가신 소식을 전혀 듣지 못했기 때문이다.

장례식 후 며칠이 지난 어느 날, 둘째 작은 아버지께서 보낸 편지가 내 손에 들어왔다.

"…석홍아, 아버지 장례식 통지를 급전으로 부대에 보냈는데 왜 안 온 것이냐? 혹 아버지가 예수 믿는다고 핍박했던 것에 앙심이라도 품은 것이냐? 그래도 장례식엔 왔어야지! 온 집안 어른들이 너에게 불효자라 한다…."

나는 7년 동안 아버지께 핍박을 받으면서도 단 한 번도 아버지를 원망하거나 미워하지 않았다. 하나님의 뜻으로 영적

·육적 훈련을 받는다고 생각했기 때문이다. 그런데 뜻하지 않은 오해를 받은 것이다. 아버지의 작고 소식을 뒤늦게 들은 것도 서글픈데, 어이없는 상황에 눈앞이 캄캄해졌다. 분도 났다.

편지를 손에 들고 연대 본부 인사과로 달려갔다.

"왜 내게 부친 사망 소식을 알리지 않은 겁니까?"

거칠게 항의했다. 부대에서는 내가 일반병사도 아니고 장교에다가 철책선을 담당하기 때문에 연락하기가 어려웠다고 했다. 어느 정도 이해되기도 했지만 너무 억울하고 분한 마음에 고함을 치며 항의했다.

군은 그 자리에서 1주간의 휴가를 보내주었다. 서둘러 집에 와 보니 장례식이 다 끝나고 적막감만 맴돌고 있었다. 아버지를 모신 산에 묘지를 찾아가보니 아직 잔디도 덮이지 않은 흙 묘였다. 묘지에 엎드려 한참을 울었다. 그리고 나지막이 아버지께 뒤늦은 고백을 드렸다.

'아버지, 절대 미워하지 않았습니다. 단 한 번도 아버지를 원망한 적이 없었어요.'

나를 핍박하던 아버지를 더는 뵐 수 없었다. 아버지의 핍박은 그렇게 종결된 것이다. 이제 집안에는 부드러우신 어머니와 평소 말씀이 없으신 형님밖에 없었다. 고등학교 2학년 때, 예수 믿고 제사상에 절하지 않는다는 이유로 쫓겨난 지 8년 만에, 그렇게 집으로 돌아가게 되었다.

문득 하나님의 말씀이 생각났다. 만사에 때가 있다하신 그 말씀이 떠올랐다.

> 찢을 때가 있고 꿰맬 때가 있으며 잠잠할 때가 있고 말할 때가 있으며 사랑할 때가 있고 미워할 때가 있으며 전쟁할 때가 있고 평화할 때가 있느니라 (전 3:7-8)

아버지가 돌아가신 다음 해, 군 제대를 앞두고 5월 15일에 휴가를 얻어 결혼 예식을 가졌다. 어머니와 형님의 결혼 승낙은 쉽게 받았지만, 아마 아버지께서 살아계셨다면 절대 허락받지 못할 결혼이었을지도 모른다. 아내가 그리스도인이었기 때문이다. 아버지는 믿음의 며느리가 들어와 집안 문화가 바뀌는 것을 싫어하셨으니 당연히 반대하셨을 것이다.

당시 여자 혼인 적령기는 24살 정도였는데, 아내는 26살 노처녀였다. 아마 꽤나 고민이 깊었으리라 싶다. 하나님은 결혼을 통해 그런 아내의 고민을 덜어주셨고, 우리 가정의 인적 구조도 바꿔주셨다. 기독교 배척자 한 분 대신, 독실한 기독교 신자 한 사람이 들어온 것이다.

하나님의 역사 섭리는 오묘해서 인간은 도통 알 수가 없다. 아버님의 별세가 내 결혼을 순탄하게 하고, 목회자의 길을 가게한 계기는 아닌지 하는 생각도 해본다. 훗날 천국에 가서 하나님께 꼭 물어볼 참이다.

내가 나 된것은
하나님의 은혜로 된 것이니

고린도전서 15장 10절

# 두 번째 이야기

## 은혜로 부르시고

## 첫 사역의 특별한 감격

1972년 6월에 제대를 하고, 요즘 젊은이들의 표현으로 민간인이 되었다. 그리고 나의 사역은 좀 더 구체적으로 현실화되었다. 하나님께서 예비하신 것들을 하나둘 보여주시기 시작한 것이다.

제대한 그해 10월, 김준곤 목사님의 특명으로 청주 C.C.C 간사로 임명되었다. 청주 C.C.C는 초대 이은수 간사님이 수고하시다가 미국으로 이민을 가셨고, 2대 이백호 간사님이 담당하시다가 서울 C.C.C로 전근을 가신 상태였다. 그 자리에 내가 3대 간사로 부임한 것이다. 군대 가기 전엔 평신도로 대학생들에게 성경공부와 예배 시 설교를 담당하는 영적인 사역이 큰 부담이었다. 그런데 제대 후엔 군 생활 당시 군 장병들의 예배 인도를 해본 경험이 크게 도움 되었다. 100여 명이 드리는 매주 정기 예배 인도가 별로 낯설지 않았으니 말이다.

청주 C.C.C에서 사역하는 동안 잊지 못할 특별한 경험을 했다. 첫째는 아내의 신혼 금반지를 도적맞은 일이다. 결혼할 때 나도, 우리 집안의 형편도 좋지 못한 터라 신부에게 다이아 반지를 해준다는 것은 상상도 못할 일이었다. 간신히 금반지를 해 주었는데, 아내는 금반지도 감사했다.

일반 주택에 살다가 C.C.C회관에 붙어있는 작은 사택으로 이사를 했다. 그 사택에서 신혼생활을 하게 되었는데 거기서 문제가 생긴 것이다. 어느 날 아침, 일어나서 윗방으로 들어가는 미닫이문을 열어보니 낯선 흔적이 있었다. 누군가 옷장을 뒤져서 방 가운데 옷을 가득하게 쌓아놓았다. 도둑이 든 것이다. 우리 집은 아랫방에 침실이 있었고, 윗방은 옷장과 책상 등이 있었는데 마침 월급을 받은 날 도둑이 든 것이다. 도둑은 우리에 대한 정보를 잘 알고 있었던 듯하다. 하지만 목적했던 현금은 손에 넣지 못했고, 장속을 뒤지다 나온 결혼반지 하나를 가지고 간 것이다.

우리가 잠든 사이에 작은 들창문으로 들어와 밤새 작업을 했다고 생각하니 아찔하고 황당한 마음에 말문이 막혔다. 그래도 놀란 가슴을 가라앉히고 두 가지를 감사했다. 하나는 우리를 해치지 않은 것과 다른 하나는 전날 월급을 받았지만 내가 외출한 사이에 옆방 할머니께서 간수해주셔서 돈은 잃어버리지 않은 것이었다. 불행 중 다행이라 생각하고 감사기도를 드렸다. 다 잃지 않아서 감사했고, 단 한 가지 잃어버린 반지는 또 살 수 있다는 생각 때문에 감사했다. 무엇보다 적은 생활비를 펑크 나지 않도록 배려해 주셨구나 생각하며 감사했다. 하박국 선지자의 감사가 최고의 감사임을 생각했다.

비록 무화과나무가 무성하지 못하며 포도나무에 열매가 없으며 감람나무에 소출이 없으며 밭에 먹을 것이 없으며 우리에 양이 없으며 외양간에 소가 없을지라도 나는 여호와로 말미암아 즐거워하며 나의 구원의 하나님으로 말미암아 기뻐하리로다 (합 3:17-18)

청주 C.C.C에서 경험한 특별한 두 번째 은혜는 배고파하던 학생들과 매일 국수 잔치를 벌인 일이다. 각 대학이 학교 수업을 마치면 오후 3~4시경이 된다. 그때부터 학생들이 회관에 오는데 1명도 오고, 2명도 오고, 때로는 10명도 올 때가 있다. 저녁 예배가 있는 날은 꼭 오지만, 그렇지 않은 날도 개인 기도와 상담을 위해 방문하기도 한다. 그런데 그때마다 모든 학생이 배고파하는 형색을 보였다. 공부하느라 진액이 빠지고, 점심도 간단히 때웠기 때문에 당연히 배가 고팠을 것이다.

아내는 이 학생들의 허기를 채워주었는데, 바로 국수를 삶아 주는 것이다. 밀가루를 한 자루 구입해 직접 국수 공장으로 가서 기계로 국수를 뽑아 집에 가지고 왔다. 대량으로 쌓아 놓았으니 밥보다 쉬운 일이었다. 일이 계속되니 아내는 국수 삶는 데는 선수가 되었고, 국수는 모든 이가 맛있게 먹었다. 그 모양이 참으로 아름다웠다. 배고픈 서러움을 누구보다 잘 아는 내가 아니던가. 대학생들에게 영적 기근뿐 아니라 육적 시장함도 현실적 문제임을 다시 한 번 깨달았고, 그들의 배고픔을 내가 조금이나마 채워줄 수 있어 감사했다.

셋째는 '엑스플로 74 전도대회'에 충북지역의 동원 책임을 지고 뛰었던 일이다. 한국 교회사에는 특별하게 기록된 3개의 전도대회가 있다. 서울 여의도에서 1973년도 8월에 열렸던 '빌리 그레이엄 전도대회'와 1974년도 8월에 빌 브라이트 박사가 주 강사였던 '엑스플로 74 전도대회', 그리고 77년도에 열린 '민족 복음화 대성회'이다. 한국 교회에 대 전도 운동을 일으킨 대단위 전도집회로, 한반도에 복음의 불씨를 지핀 역사적인 영적 사건이기도 했다. 각 집회마다 100만 명을 목표로 전국 각지에서 청년들을 불러 모았다. 기차로, 대절 버스로, 교회 봉고차로, 개인 자가용으로 구름떼처럼 모여왔는데 지금도 그 광경이 잊히지 않는다.

그중에 '엑스플로 74 전도대회'는 다른 두 집회와 달리 여의도에서 합숙하며 진행했던 초유의 대형 집회였다. 무엇보다 주관을 우리 C.C.C가 책임진 터라 더욱 의미가 남달랐다. 동원뿐 아니라 세 끼 식사와 숙박, 모든 진행을 전국 스텝과 나사렛 회원, 대학생 회원들이 분담했다. 참으로 수고도 많았고, 눈물도 많았고, 감격스런 일도 많았다. 그 내용을 기록으로 남긴 책도 있지만, 미처 기록되지 않은 뒷이야기가 얼마나 많은가!

당시 나는 충북지역 동원을 책임진 충북 대표간사였다. 우리 지역의 북쪽 끝이었던 단양군 산골 교회로부터 남쪽 끝이었던 영동군 산골 교회까지 전체 교회를 방문했고, 모든 교역자를 만났다. 물론 나와 더불어 동원을 책임졌던 형제들이 조를 나누어 열심히 달렸다. 기차로, 버스로, 승용차로 이동을 하고, 때때로 강을 건널 때는 나룻배를 탈 때도 있었다. 위험한 교통 길에서 늘 기도했고, 특별히 하나님과 동행하며 찬송을 많이 불렀다. 사도 바울처럼 배고픔도 목마름도 있었지만 잘 견디고 다녔다. 교파를 초월해 많은 교회가 협력해 주었고, 김준곤 목사님을 중심으로 한 모든 C.C.C가족은 죽을힘을 다해 기도하며 발로 뛰었다. 그런 열정과 헌신이 있었기에 하나님께서 감동을 주시고 전적으로 도우셨다고 생각한다.

성경에도 이런 대형 집회가 나온다. 사무엘 선지자가 이끌었던 미스바 대성회가 있었고, 수문앞 광장 집회도 있었다.

> 사무엘이 이르되 온 이스라엘은 미스바로 모이라 내가 너희를 위하여 여호와께 기도하리라 하매 그들이 미스바에 모여 물을 길어 여호와 앞에 붓고 그 날 종일 금식하고 거기에서 이르되 우리가 여호와께 범죄하였나이다 하니라 사무엘이 미스바에서 이스라엘 자손을 다스리니라
> (삼상 7:5-6)

이스라엘 자손이 자기들의 성읍에 거주하였더니 일곱째 달에 이르러 모

> 든 백성이 일제히 수문 앞 광장에 모여 학사 에스라에게 여호와께서 이스라엘에게 명령하신 모세의 율법책을 가져오기를 청하매 (느 8:1)

우리 하나님께서는 민족이 모여 회개하며 기도할 때마다 위기에 처한 이스라엘을 구하시고 땅을 바꿔주셨다. 우리나라도 세 차례 연속으로 엎드려 기도할 때, 한국 기독교 역사를 바꾸고 나아가 이 나라를 변화시킬 새 희망과 부흥의 역사를 주신 것이다. 할렐루야!

> 내 이름으로 일컫는 내 백성이 그들의 악한 길에서 떠나 스스로 낮추고 기도하여 내 얼굴을 찾으면 내가 하늘에서 듣고 그들의 죄를 사하고 그들의 땅을 고칠지라 (대하 7:14)

지금도 이 말씀은 살아있는 하나님의 말씀이며, 언약이심을 믿는다. 하나님의 은혜가 아니었다면 나 같은 자가 어찌 한국 기독교 역사를 쓰는 대형 집회에 협력할 수 있었을까. 작은 자를 들어 큰일을 이루시는 하나님, 나를 그런 영광의 자리로 초대해 주셨던 하나님께 무한한 감사를 올려드린다.

## 내 삶의 거룩한 변화

엑스플로 74 전도대회를 마친 이듬해, 나는 장로회 신학대학 신대원에 입학했다. 그동안 평신도로서 복음을 전하는 직분을 주신 것도 과분한 일이라 여기며 사역했는데, 갑작스런 변화가 일어난 것이다.

74년 가을 어느 날, 시골 교회 목사님이 회관으로 찾아오셨다. 안면은 있었지만 평소에 친근하게 대화를 나누는 사이는 아니었다. 그런데 무슨 일인지 나를 찾아오셨고, 내게 특별한 말씀을 주셨다.

"송 간사님! 신학교에 가시는 것이 좋겠습니다. 더 배우셔서 한국 교회를 위해 일하세요."

나는 그 말씀을 하나님께서 목사님을 통해 주신 말씀이라 믿었다. 하지만 처음에는 얼떨떨해서 뭐라 대답을 못했다. 1시간쯤 지났을까. 내 마음속에 잡히는 말씀이 있었다.

'좀 더 배우라.'

그때부터 신학교를 놓고 기도를 시작했다. 아무에게도 알리지 않은 채 혼자 기도했다. 사실 신학교 시험에 합격할 자신이 없었기 때문이다.

"하나님! 시험에 합격하면 하나님의 뜻으로 알고, 불합격하면 평생을 평신도 사역자로 남겠습니다. 하나님의 결정을 따르겠습니다."

시험을 보는 날 아침까지 똑같은 기도를 드렸다. 시험을 끝내고 드디어 발표 날이 되었다. 놀랍게도 내가 40명 합격자 명단에 들어가 있었다. 곧 하나님의 뜻으로 받아들이고, 75년 3월 입학을 준비했다. 하지만 신혼 가정인 데다가 간신히 생활해 오던 중이라 재정적인 여유가 전혀 없었다. 결국 입학금 마련이 제일 문제였다. 물론 학교 다니는 동안 전체 학비도 문제였다. 내가 할 수 있는 것은 오직 기도뿐이었다.

그런데 하나님께서 준비해 놓으신 것이 하나둘 드러나기 시작했다. 입학금은 존경하는 김준곤 목사님께서 주셨고, 기타 등록금은 서남교회가 교회 창립 후 첫 목회자가 탄생하는 일이라고 기뻐하시며 해결해주셨다. 교회 제직회에서 장학위원회를 조직하고, 정규적으로 재정을 지급해주셨다. 얼마나 감사한 일인가! 거기다가 서울 경신교회 교육전도사 일을 하게 되어 적지만 생활비를 주셨으니, 하나님은 빈틈없이 준비해 주시는 분이심을 깨달았다.

믿음의 조상 아브라함이 떠올랐다. 100세에 낳은 독자 이삭을 모리아 산에 번제물로 바치라 하셨던 하나님께서 아브라함이 순종하는 모습을 귀히 보시고, 마지막 순간 수풀에 묶어 놓으신 양 1마리를 준비해주신 일이 내게도 이루어지는 순간이었다. 그 은혜의 감격을 어찌 말로 표현할 수 있으랴!

아브라함이 눈을 들어 살펴본즉 한 숫양이 뒤에 있는데 뿔이 수풀에 걸려 있는지라 아브라함이 가서 그 숫양을 가져다가 아들을 대신하여 번제로 드렸더라 아브라함이 그 땅 이름을 여호와 이레라 하였으므로 오늘날까지 사람들이 이르기를 여호와의 산에서 준비되리라 하더라
(창 22:13-14)

참으로 우리 하나님의 계획은 치밀하시고 완전하심을 믿게 되었다. 한 치의 오차도 없으시고, 실수도 없으신 나의 하나님. 그분께 순종하기만 하면 가장 좋은 것으로, 가장 선한 것으로 우리의 인생을 이뤄가시는 분임을 다시 한 번 믿음으로 고백한다. 할렐루야!

## 사역지를 서울 영락교회로

서울 경신교회에서 교육전도사, 일명 파트타임 part time 전도사로 1년 사역을 마치자 서울 영락교회 유년부 전도사로 사역지를 옮겨 주셨다. 더 큰 교회에 가서 더 많은 것을 배우고, 성도들과 더 넓게 교제하도록 지경을 넓혀 주시는 것으로 해석했다.

감사했던 것은 아내 외에 우리 집안 어느 누구도 나의 진

로를 위해 기도해 주는 사람이 없었는데 한국의 대표적인 교회인 영락교회로 인도해 주심이 너무 감사했다. 한국의 성자라 일컬어지는 한경직 목사님께 잘 배운 교인들과 함께 사역함으로 선한 영향을 많이 받았다. 특별히 구제와 봉사를 실천하는 성도들에게 감동받을 때가 많았다. 훗날 내가 단독 목회를 할 때 열심히 실천해야 하겠다고 마음을 먹을 정도였으니 말이다.

한경직 목사님은 사례비를 받으시면 이북에서 피난 내려온 사람 가운데 가난한 가정의 학생들을 찾아가 장학금을 많이 주셨다고 한다. 그리고 6.25 전쟁으로 생긴 고아들을 위해 '영락보린원'을 운영하고, 과부들을 위해 모자원을 운영하며, 노인들을 위해 양로원을 운영하고 계셨다. 직접 보는 것만으로도 큰 감동을 받았다. 목사님 양복도 입으시는 것을 빼놓고 모두 농촌 교회 교역자들에게 나누어 주셨다는 소문이 교회 안에 돌고 있었다. 미국 대통령 방한 때 청와대의 초청을 받고 면담하러 들어가기 위해 옷장 안에서 새 양복을 찾는 중 이런 사실을 알았다는 것이다. 정말 그분은 성자의 자질이 넘치셨다.

한 번은 영락보린원을 방문했을 때 직접 목격한 일이 있다. 어느 장로님이 칠순을 맞았는데 자녀와 손주 전체가 그곳에 와서 원생들과 함께 칠순잔치를 하는 것이다. 세상에서 화려

한 잔치를 할 수 있었을 텐데 고기와 떡을 사고, 과자를 가지고 와서 보린원생들과 함께 나누어 먹고 있었다. 여자들은 빨래를 해주며, 남자들은 아이들과 함께 놀아주는 모습이 정말 아름다웠다. 그날 나는 눈앞에서 천국을 보는 기분이었다.

또 전방 부대를 정기적으로 순회하며 위문하시던 권사님도 한 분 계셨다. 친구 몇 분과 함께 매번 팥죽을 끓여서 부대원들에게 먹이는 봉사를 하셨는데, 알고 보니 은퇴한 여자 권사님들이 자녀들이 주는 용돈을 전부 모아서 음식 준비를 하신다는 것이다. 노년의 안락함을 버리고 귀한 물질을 장병들을 위해 쓰는 그 정성이 너무 큰 감동이 되었다.

이 모든 일이 봉사에 모범을 보이셨던 한경직 목사님께 받은 영향이라 생각했다. 교회 차원에서의 봉사는 별도로, 자발적이고 개별적인 구제봉사가 활발히 이뤄지고 있었다. 이런 일들을 통해 재물을 어떻게 벌고 어떻게 써야 하는지 배울 수 있었다.

> 네가 이 세대에서 부한 자들을 명하여 마음을 높이지 말고 정함이 없는 재물에 소망을 두지 말고 오직 우리에게 모든 것을 후히 주사 누리게 하시는 하나님께 두며 선을 행하고 선한 사업을 많이 하고 나누어 주기를 좋아하며 너그러운 자가 되게 하라 이것이 장래에 자기를 위하여 좋은 터를 쌓아 참된 생명을 취하는 것이니라 (딤전 6:17-19)

천국 가기 전에 주신 물질을 다 선한 사업에 쓰고 죽으면 좋겠다는 생각이 들었다. 어차피 하나님께서 주신 것이니 내 것은 하나도 없지 않은가. 이 세상에 사는 동안 선한 청지기의 사명을 다 이루고, 천국 가기 전에 다시 돌려드릴 수 있다면 이보다 더 멋진 일은 없을 것이다.

## 예기치 않은 부르심

영락교회 파트타임전도사 2년을 마치고, 78년 2월 28일 신대원을 졸업했다. 그 뒤 계속 영락교회에서 교구담당 전임 전도사 사역을 감당했다. 내 사역은 영등포교구 새신자 등록 심방과 환우 심방, 그리고 특별 심방과 장례 심방까지 다양했다. 심방하면서 동행하는 권사님들을 통해 많은 것을 배웠고, 사랑도 많이 받았다. 또 영락교회 내 야간 성서대학에서 성경 한 과목을 가르치면서 여러 성도와 교제를 나눌 수 있어서 좋았다. 다른 사역 하나는 개인 전도훈련 강사로 강의를 했다. 이 모든 사역으로 나는 모처럼 영적으로 풍성한 시간을 가졌다.

그런데 하나님은 또 예기치 않은 시간에 나를 시골 개척교회로 불러내셨다. 원래 1년 뒤 목사 안수를 받을 때까지 더 사역하며 배우기로 교회와 약속을 했는데, 도중에 파기해야 하는 상황이 된 것이다.

나의 모 교회인 청주 서남교회가 창립 20주년 기념으로 청주 상당교회를 개척했는데, 1년 만에 교회에 큰 시험이 왔다고 했다. 그래서 초대 담임전도사가 떠나 사역자가 비어 있었다. 그동안 20여 명의 성도가 대표자를 뽑아 사방으로 담임 교역자를 찾았던 모양이다. 그 화살이 나에게 떨어졌다.

하루는 내 사무실로 손님 두 분이 오셨다. 상당교회 대표로 장석연, 오종욱 집사님께서 찾아오신 것이다. 사정을 이야기하며 목자 잃은 상당교회 성도들을 불쌍히 여겨 달라는 부탁이었다. 두 분의 음성이 소리로는 귀에 들어왔지만, 그 내용은 동의할 수가 없는 형편이었다. 영락교회와의 근무기간 약속이 남아있고, 내 형편도 개척 교회를 감당할 준비가 전혀 안된 상황이었기 때문이다. 1시간 정도 같이 앉아서 듣다가 그냥 보내야 했는데 순간적으로 끝인사가 튀어나왔다.

"3일간 기도해보고 대답을 드리겠습니다."

"네, 전도사님! 그럼 저희도 간절히 기도하며 좋은 답변을 기다리겠습니다."

두 분은 내 답에 화답 인사를 하고 자리를 떠났다.

퇴근 시간이 되어 답십리 집으로 돌아와 저녁 식사를 하고 그냥 잠자리에 누웠다. 그분들께 했던 기도해보겠다는 약속은 부정적인 답변을 점잖게 표현한 내 방식이었기에 아무 의식 없이 드러누운 것이다. 그런데 그때 하나님의 영이 내 귀에 분명히 말씀하셨다.

"너 왜 기도하지 않고 그냥 자느냐?"

하나님의 선명한 책망에 놀라 벌떡 일어났다. 아내에게 간단하게 낮의 일을 설명하고, 다시 일어나 옷을 입고 영락교회로 향했다. 선교관의 텅 빈 예배실에 들어가 홀로 기도를 드렸다.

"하나님! 제 앞길을 인도해 주세요. 이럴 때 어떻게 대답을 해야 하나요?"

이 두 마디 기도만을 계속 반복했다. 그런데 불현듯 눈물이 배어 나왔다. 목자 없이 신앙생활 중인 상당교인들이 불쌍하게 생각된 것이다. 계속 그렇게 기도하던 중 부르심에 응답해야겠다는 결심이 섰다.

"하나님, 가겠습니다."

순간 그 고백을 드렸다. 그런데 집으로 돌아와 자고 다음 날 아침 출근 시간이 되었을 때, 뒤늦게 이성이 작용하기 시작했다.

"하나님, 아무래도 저는 안 되겠습니다. 어젯밤에 제가 너무 감성적으로 결정한 것 같아요. 저는 안 되겠습니다."

둘째 날 밤도 가겠다는 결론이 났고, 다음날 아침에는 또 바뀌었다. 그렇게 마지막 셋째 날이 왔다. 마지막 밤이니 더 진지하게 기도에 열중했다. 그런데 그때 예배실에서 같이 기도 중인 한 여자 성도가 부르는 복음성가가 들렸다.

내일 일은 모르니 하루하루 은혜로 살아간다는 내용의 찬양이었다. 우리의 험한 인생길은 가고가도 끝이 없지만 주님께서 팔 내밀어 내 손을 잡아주시니 우리가 평탄한 길을 걸을 수 있다는 믿음의 고백이 담긴 찬양이었다. 모든 가사 하나하나가 내 가슴에 꽂혔다. 확연한 천사의 메시지였다. 즉시 입을 크게 벌려 공중에 대고 큰 소리로 외쳤다.

"오, 하나님! 이젠 절대 변하지 않겠습니다. 제가 가겠습니다!"

다음날 아침 일찍, 청주 집사님들께 전화를 걸었다. 그들에겐 갈증을 푸는 좋은 소식이 전해진 것이다. 이어 영락교회 당회장이셨던 박조준 목사님께 사정 말씀을 드렸더니 그 자리에서 흔쾌히 허락을 하셨다. 어쩌면 하나님께서 이미 모든 것을 다 처리하신 상태였을지도 모른다.

## 내려놓음

신대원 3학년 시절 어느 날, 아내가 헌책 한 보따리를 사서 낑낑대며 들고 왔다. 보니 고등학교 전 과정 교과서였다. 검정고시를 보겠다는 것이다.

"그 나이에 무슨 검정고시? 조금 있으면 교회에 경로대학이 생길 텐데 거기나 들어가지?"

늦은 나이에 공부를 하겠다니 합격이 불가능할 거라 생각했다. 그런데 웬일인가. 아내는 작심한 날부터 거의 밤을 새며 공부했고, 그러더니 드디어 합격을 했다. 지금 생각해도 기적이다.

78년 2월, 나는 신대원을 졸업하고 3월에 바로 장로회 신학대학 학부에 입학했다. 32살 만학도 대학생이 된 것이다. 이 소식이 알려지자 영락교회에서 축하한다며 입학금을 주시고, 또 영락교회 여전도회에서도 입학금을 주셨다. 이미 받았다고 정중히 거절했는데도 책값은 안 들어가느냐며 재차 강권하셨다. 할 수 없이 받게 되었는데 2학기에도 계속 주시는 것이다. 여전도회 대표들의 말은 졸업할 때까지 지급하기로 결정이 났다고 했다. 전임전도사 사례비로는 대학공부를 마치기 어렵다 판단했고, 만학을 결심한 아내 역시 귀하게 여겨졌기 때문인 것 같았다.

그로 인해 우리 집에 대학생이 생기면서 오히려 재정적인 여유가 생겼다. 하나님 아버지께서 우리 부부를 도우시는 손길이 눈에 들어왔다. 원래 아내는 아버지를 4살 때 여의고 아버지의 사랑을 받아본 적이 없는 외로운 사람이다. 그런데 하나님 아버지께서 더 크고 깊게 갚아 주시는 것 같았다.

> 내가 산을 향하여 눈을 들리라 나의 도움이 어디서 올까 나의 도움은 천지를 지으신 여호와에게서로다 (시 121:1-2)

그렇게 만학도가 된 아내는 1년을 편안하게 공부했다. 그런데 그해 말미에 청주 상당교회에서 청빙을 한 것이다. 어떻게 얻은 기회인데! 사실 처음에 청빙을 거절한 이유 중 하나가 바로 이것이다.

'나는 지금 아내의 꿈을 깰 수가 없다. 그러니 나는 절대 내려갈 수 없다.'

졸업할 때까지 매 학기 등록금을 합산하면 우리에겐 큰 재물이었다. 그 재물을 포기하는 것도 아까웠지만 어렵게 찾아온 공부 기회를 놓치는 것이 더욱 안타까웠다. 며칠을 고민하다가 아내에게 어렵사리 말을 꺼냈다.

"여보, 당신 혼자 기숙사에 남아서 공부해요. 나 혼자 내려가서 개척사역을 할게요."

내 진심이었다. 그러나 아내의 진심 역시 따로 있었다.

"아니에요. 내 공부는 여기까지가 끝이에요. 당신과 함께 내려갈 거예요."

그날부터 아내는 이삿짐을 싸기 시작했다. 그 당시 영락교회는 교구마다 성탄절을 맞아 축하하는 모임들이 많았고, 또 선물도 주곤 했다. 성탄절을 넘어서 이사할 경우 나도 참여할 수 있었다. 그러나 이왕 가기로 결정을 내렸으니 성탄절 전에 부임해서 우리 가정 자체가 상당교회 성도들에게 성탄 선물이 되자는 마음이 들었다. 그래서 22일로 이사 날짜를 정하고 부지런히 준비했다.

## 버리고, 사모하고

78년 12월 22일, 드디어 서울 생활을 마감하고 청주 생활이 시작되었다. 아침 일찍 청주에서 오종욱 집사님이 이삿짐을 운반할 용달차를 대절해오셨다. 이삿짐을 서둘러 싣고 고속도로를 달려 청주로 향했다.

그런데 고속도로를 달리던 중 이삿짐 가운데 옷장 문이 날라 갔다. 밧줄을 매긴 맸는데 너무 엉성하게 맸던 것이다. 고속도로였으니 급정거를 하고 찾을 수가 없는 형편이었다. 아내에게는 정들었던 옷장이었는데 무척이나 안타까웠다. 어떤 일이든지 너무 급하게 하면 이런 허점이 발생하는구나 생각했다.

며칠 사이, 우리 가정에 이미 주어졌던 유익함 몇 가지를 잃었다. 먼저 의도적으로 버린 것은 영락교회에서 얻었던 공부할 수 있는 좋은 기회와 성탄 선물이었고, 의도하지 않았지만 정들었던 옷장도 잃어버리게 되었다. 하나님께서는 새로운 일에 앞서 옛 구습을 버리라고 하셨다. 지금 생각해보니 나의 새로운 인생, 새 목회 출발을 위해 이것들을 상징적으로 버리게 하신 것 같다.

청주에 도착해 사창동 13평 주공 아파트에 짐을 풀었다. 그런데 방안의 짐 정리가 잘 안 되지 않았다. 왜? 옷장 문이 없으니 지저분한 장롱 안이 다 보였기 때문이다. 보기가 민망하고 흉했다. 그런데 며칠 후, 조길순 집사님께서 새 옷장을 사 주셨다. 헌 옷장을 버리니까 새 옷장이 생긴 것이다. 가끔 설교 예화로 동전만 붙잡고 있는 어린 아기 이야기를 한다. 아기는 돈의 가치를 모르니 동전만 돈으로 알아 1만 원짜리 지폐는 방바닥에 버리고 100원짜리 동전만 움켜잡곤 한다. 그 모습을 보면서 귀한 교훈을 발견한 적이 있었다.

혹 우리 사역자들이 버릴 줄을 몰라서 사역에 지장을 받는 것은 아닐까? 또 버릴 줄을 모르고 항상 손에 잡고 있기 때문에 그 손에 새것을 얻지 못하는 것이 아닐까? 물질적인 내 기득권을 버리면 하나님께서 더 많은 물질로 혹은 영적인 새 선물로 축복해주신다. 그러기에 가치관이 분명해야 한다. 가치가 덜한 것들은 버리고, 참 가치 있는 것을 사모해야 한다. 이것이 주님을 따르는 제자들의 길이 되어야 할 것이다. 성경에는 물질뿐만 아니라 시간 사용에 대해서도 말씀하셨다.

> 누구든지 제 목숨을 구원하고자 하면 잃을 것이요 누구든지 나를 위하여 제 목숨을 잃으면 찾으리라 (마 16:25)

> 세월을 아끼라 때가 악하니라 그러므로 어리석은 자가 되지 말고 오직 주의 뜻이 무엇인가 이해하라 (엡 5:16-17)

사도 바울은 사람의 생명을 살리는 생명목회에 자신의 기득권뿐 아니라 목숨까지 배설물로 여겼다. 또 시간을 아껴 전도하기 위해 죽도록 달음질했다. 우리 구주 예수님은 나의 생명을 살리시기 위해 당신의 유일한 육체의 물도, 땀도, 피도, 목숨도 다 버리셨다. 상당교회의 개척 사역이 버리고 잃는, 하지만 사랑을 사모하는 진짜 사역이 되길 간절히 기도했다.

## 기쁨의 새 출발

청주 상당교회는 1976년 4월에 창립됐다. 청주 서남교회가 교회 창립 20주년을 기념하며 개척한 교회로 모범적인 개척 역사를 가지고 있다. 교회로부터 거리가 제일 먼 사창동 구역 식구들을 완전 분리하여 개척했기 때문이다. 성도 1명이 너무 소중하고 아까워서 자체교회 부흥만을 원하는 사역자는 이런 통 큰 개척을 할 수가 없다. 단 1명이 따라가는 것도 싫어한다. 그런데 구역을 분리한다는 것은 보통 힘든 결정이 아니다.

그해 9월, 전화식 전도사님이 초대로 부임해서 많은 수고를 하셨다. 그런데 교회 부흥 초기에 사단이 방해를 놓았던 같다. 큰 시험이 온 것이다. 교회를 견고하게 하시려는 하나님의 의도가 있었으리라 믿는다.

전도사님이 떠나시고, 내가 그 뒤를 이어 78년 12월에 2대 교역자로 부임했다. 처음엔 서남교회에서 파송 받은 민석기 장로님 댁에서 예배를 시작했고, 뒤이어 몇 번 예배당을 옮겨 당시의 2층 예배당으로 바뀌었다고 했다. 교회당에 20여 명의 식구들이 모였다. 영락교회와 비교하면 한 구역도 안 되는 적은 인원이지만 감사했다. 내 그릇대로 주신 것이다. 그리고 나와 함께 교회를 세울 분들이라 생각하니 한 분 한 분이 모두 귀했다.

  모든 것을 다시 개척한다 생각하고, 하나하나 기초를 쌓아 올려야 했다. 우선 예배에 집중했다. 살아있는 예배가 되게 해 달라고 늘 기도했다. 다음은 전도를 힘썼다. 몇 안 되는 여 집사들과 전도를 하다가 문득 영락교회 전도대의 지원을 받아야겠다는 생각이 났다. 곧 영락교회의 전도학교 강의를 하면서 교제했던 전도팀을 청주로 초청했다. 감사하게도 긍정적인 응답이 왔다. 30명 정도가 어깨띠를 두르고 버스를 타 청주 우리 교회까지 와 주었다. 그런데 각자가 먹을 점심까지 준비해 온 것이 아닌가? 개척 교회에 부담을 주지 않기 위해 신경을 쓴 것이다. 왕복 차비도 개인이 부담한다고 한다. 오후 4시까지 교회 주변 아파트단지를 방문하며 전도를 했다. 매주 한 차례 정기적인 전도행사가 진행되었다. 1년 가까이 계속되는 동안 많은 열매를 볼 수 있었다.

  교회는 매주 등록교인이 있었고, 한 달 한 달 눈에 띄게 성장했다. 매주 새가족용 간이 의자를 몇 개씩 사오는데 늘 부족했다. 얼마나 신나던지! 새 생명의 증가를 보는 개척자의 마음이 행복으로 넘쳤다. 그 뒤 새 성전을 짓고 500여 명이 넘는 성도가 주일 예배에 출석하게 되었다. 물론 엄청난 성장을 이룬 그때도 기쁘고 감사했지만, 정말 큰 기쁨은 개척할 때 1명이 등록하고 교인이 될 때였다. 예수님께서도 한 영혼이 구원 얻는 일을 얼마나 기뻐하셨는가? 우리 안에 있는 99마리 양보다 1마리 잃은 양을 찾았을 때 잔치를 여신 분이다.

> 너희 중에 어떤 사람이 양 백 마리가 있는데 그 중의 하나를 잃으면 아흔아홉 마리를 들에 두고 그 잃은 것을 찾아내기까지 찾아다니지 아니하겠느냐 또 찾아낸즉 즐거워 어깨에 메고 집에 와서 그 벗과 이웃을 불러 모으고 말하되 나와 함께 즐기자 나의 잃은 양을 찾아내었노라 하리라
> (눅 15:4-6)

이후 주님의 시각으로 새 교우들을 대하기로 작정했다. 한 영혼, 한 영혼을 귀하게 여기고, 혹여 누구 한 사람이라도 실족하지 않도록 마음을 다해 그들을 섬겼다. 영혼을 구하는 일이 하나님께서 가장 기뻐하시는 것임을 분명히 알았기 때문이다.

## 만학도의 꿈을 이룬 아내

청주로 부임할 때 아내는 자신의 공부는 이제 끝났다며 슬픔을 머금고 포기했었다. 그런데 그 일이 아내 혼자만의 작정이었지 하나님의 작정은 아니었던 것 같다. 사람의 생각과 하나

님의 생각은 다를 때가 많다.

교회 안에 청주대학교 교수님이 한 분 계셨는데, 나를 상당교회로 청빙하러 서울에 오셨던 장석연 집사님이다. 청주대학교 국문학과 교수로 재직 중이셨다. 그런 장 집사님이 아내가 학업을 중단한 이야기를 듣고 내심 신경이 쓰이셨던 모양이다. 어느 날 우리 부부를 찾아오셔서 뜻밖의 정보를 건네는 것이 아닌가.

"좋은 소식이 있습니다. 사모님께서 청주대학교에서 공부를 계속 하실 수 있을 거 같아요. 영문과 2학년에 한 학생이 전학을 가게 되어 다른 입학생을 찾고 있습니다."

할렐루야! 우리는 즉시 학교에 연락을 했고, 드디어 복학할 수 있게 되었다. 아내는 포기했는데 하나님은 포기한 자에게 더 주신 것이다.

> 겸손한 자와 함께 하여 마음을 낮추는 것이 교만한 자와 함께 하여 탈취물을 나누는 것보다 나으니라 (잠 16:9)

하나님의 생각은 더 크셨는데, 인간은 하나님의 뜻을 이해하지 못하고 포기할 때가 얼마나 많은가? 내 뜻대로 안된다고 좌절하고, 낙심하고, 심지어 자살하는 사람도 있지 않은가? 더 좋은 계획으로 나를 이끌고 계신 하나님을 보지 못함으로 여러 가지 비극이 생기기도 한다. 우리 가정이 경험한 이 이야기가 내려놓고 사는 모든 믿음의 성도에게 들려줄 좋은 예화가 될 수 있으리라 믿는다.

아내의 3년 공부가 무사히 끝나고, 드디어 졸업식 날이 왔다. 졸업식장은 수많은 인파로 복잡했다. 그런데 그중에 아내를 축하하기 위해 모인 수십 명이 따로 있었다. 우리 교회 성도들이 많이 온 것이다. 대개는 졸업생 1명에 축하객이 10명 안팎인데 아내는 하나님께서 곱으로 축하해 주시는 자리였다. 아내도 기뻐했고 나도 기뻤다.

그날 졸업하는 1,000여 명의 졸업생들에겐 각자 희로애락의 사연들이 있었을 것이다. 그런데 아내는 더 극적으로 공부하고 졸업을 했기에 하나님께 더 뜨겁게 감사할 수밖에 없었다.

그 뒤 또 하나의 큰 축복, 딸 진실이가 82년 2월 17일에 탄생했고, 아내에겐 육아의 기쁨이 있었다. 아내는 아이와 교회를 위해 더 많이 애를 썼다.

## 새 성전 건축

1979년 여름 방학동안 나와 교회 중직들 20여 명이 경기도에 있는 순복음 기도원에 갔다. 그 뒤에도 겨울 방학이나 여름 방학을 맞이하면 버스를 대절해서 한얼산 기도원과 오산리 기도원을 교차해서 다녔다. 첫 번째 기도원에 가서 기도한 목적은 교인들의 단합과 새 성전을 짓기 위해서였다.

'새 성전을 주시옵소서!'

우리의 간절한 기도제목이었다. 다들 금식하면서 간구했다. 육적으로는 힘들었지만 기쁘게 기도했다. 기도원 집회 사이사이 우리 교인들끼리 자체 집회를 따로 가졌다. 몇 사람이 금식에 대한 힘든 소감을 이야기해서 많이 웃기도 했다. 그러나 대부분 눈물을 흘리며 뜨겁게 기도했다.

기도원 집회를 마치고 하산했다. 그리고 첫 수요일 저녁, 성전 건축을 위해 금식기도한 사람들이 다시 모였다. 우리가 먼저 오병이어의 기적을 낳을 헌금을 드리기로 작정했다. 20여 명이 원으로 둘러 앉아 말씀을 읽고 통성으로 기도한 뒤 한 사람씩 구두 발표로 작정을 했다. 어떤 집사님은 50만 원, 어떤 분은 100만 원, 또 어떤 분은 200만 원 등등 각각 형편대로 작정헌금을 했다.

더욱 귀한 것은 재산을 드리겠다고 작정한 분들도 있었다. 먼저 교회의 기둥 되는 오종욱 집사님은 유산으로 받은 시골 논 한 자락을 팔아 다 드리기로 작정해 모든 사람이 놀랐다. 또 역시 교회의 기둥이셨던 장석연 집사님은 은행돈을 보태서 지은 주택을 판돈 중에서 자기 가정의 다음 전세금과 은행 채무만 빼고 다 드리는 작정을 했다. 자기 집을 팔아 헌금하고, 전세로 들어가겠다니! 얼마나 아름다운 결단인가. 그 믿음에 눈물을 비치는 분들도 있었다. 다시 한 번 이 모든 고백들에 감사하고 감격했다.

마지막으로 내 차례가 되었다. 나는 원래 어머니와 형님을 통해 받은 유산 하나가 청주에 있었는데, 작은 일자형의 3칸짜리 집이었다. 그 집을 신학교 입학하면서 팔아 서울 개봉동에 신축 아파트 하나를 청약해서 당첨 받은 일이 있었다. 그런데 잔금을 해결할 수 없어 타인에게 전세를 놓고 나는 싼 집을 전세 얻어 살고 있었다.

내 머리가 복잡해졌다. 처음 목회지에서 이것을 드리자 생각했는데 곧 불안해졌다.

'이것을 헌납해도 되나? 어머니가 아시면 어떻게 하지?'

여러 가지 의심과 의혹으로 시간을 보내는 중 성령님의 지시가 느껴졌다.

'네가 먼저 솔선수범해라. 하나님께서 갚아주실 것이다.'

심중에 떠오른 대로 작정을 했더니 마음이 금방 평안해졌다. 그런데 교인들의 입은 헉하고 막혀버렸다. 너무 놀라는 표정이었다.

그 뒤 기공 예배를 드리고 공사를 시작했다. 하나님께서 우리 성도들이 아닌 서남교회와 기타 분들을 통해 계속 헌금을 보내주셨다. 많이 모았지만 건축을 완전하게 마칠 수는 없었다. 이 때 구호가 생겼다.

'오직 믿음!'

우리는 베세다 광야의 어린아이처럼 작은 오병이어를 드린 후, 나머지 건축비는 하나님께서 채우실 것을 믿었다.

그 믿음은 현실이 되었다. 드디어 건축이 완공되었고, 79년 10월 28일에 입당감사 예배를 드렸다. 상당교회 부임한지 10개월 만에 자체성전을 마련한 것이다. 온 성도가 눈물로 감사를 드렸다. 영락교회 박조준 목사님께서 오셔서 입당 예배 설교를 해 주셨는데, 교회의 빠른 성장을 칭찬을 해주셨다.

> 너희는 산에 올라가서 나무를 가져다가 성전을 건축하라 그리하면 내가 그것으로 말미암아 기뻐하고 또 영광을 얻으리라 여호와가 말하였느니라 (학 1:8)

드디어 우리 교회도 하나님께 영광이 되는 성전이 지어진 것이다. 성전 건축의 모든 과정 속에서 하나님은 살아 역사하셨다. 우리의 순전한 믿음을 기쁘게 받으신 것이다. 세워진 것은 눈에 보이는 교회 건물만이 아니었다. 우리 성도들의 마음속에도 각자마다의 거룩한 성전이 세워졌음을 나는 확실히 믿는다.

## 오직 믿음! 오직 은혜!

80년 봄, 모 교회인 서남교회에서 열린 노회석상에서 목사안수를 받게 되었다. 서남교회에서 안수를 받는다는 것이 내겐 특별했다. 단순히 나의 모 교회라는 점만이 아니다. 그곳 기도실에 어린 시절 나의 간절한 눈물이 배어있기 때문이다. 고등학교 2학년 때 세례를 받고 제사를 드리지 않는다고 집에서 쫓겨났을 때, 그때 갈 바를 알지 못해 방황하던 나를 1년 넘게 품어준 곳이 바로 그 기도실이었다. 가방만 들고 들어가 방석을 의지하여 잠을 잤던, 어찌 보면 내겐 야곱의 벧엘 같은 장소였기에 더욱 애정이 갔다.

'오, 주님! 제가 목사가 되다니요!'

지나간 날들의 모든 은혜가 다 떠올랐다. 어린 철부지 아이를 이끌어 키우시고, 목사로 만드심이 도대체 누구의 뜻이며 누구의 작품인가! 나는 절대 아니다. 절대 내 힘과 의지로 할 수 있는 일이 아니다. 나를 안아서 키워주시고 인도해주신 오직 한 분, 하나님 아버지의 은혜였다. 그 은혜를 생각하니 주체할 수 없는 눈물이 흘렀다.

그러나 내가 나 된 것은 하나님의 은혜로 된 것이니 내게 주신 그의 은혜가 헛되지 아니하여 내가 모든 사도보다 더 많이 수고하였으나 내가 한

것이 아니요 오직 나와 함께 하신 하나님의 은혜로라 (고전 15:10)

내 평생 사도 바울이 외친 '오직 믿음! 오직 은혜!'를 외치며 죽도록 충성하리라 맹세했다.

80년 11월 17일, 우리 교회 창립이후 아주 특별한 행사가 열렸다. 2명의 장로 안수와 7명의 권사 임직이 있었다. 최초의 임직식에 많은 분이 오셔서 축하해주셨다. 나무는 뿌리가 튼튼해야 크게 자라난다. 상당교회의 뿌리 되는 9명에게 거는 기대가 컸다. 이들이 장차 상당교회 성장의 밑바탕이 될 분들임을 믿었기 때문이다. 주의 제자들이 세워지는 은혜의 날이었다.

나는 해를 넘겨 81년 4월 20일, 교회 창립 5주년 기념의 날에 위임을 받았다. 위임을 받는 일은 어느 목사에게나 큰 영광이다. 은퇴할 때까지 목회 전반을 위임받는 날이기 때문이다. 그러니 담임목사의 인격이나 삶, 목회에 의심이 들면 위임시킬 수가 없는 법이다. 내가 목회 초년병인데 교인들에게 인정받고 목회를 하게 되는 것이 행복했다.

상당교회의 내적, 외적 성장은 대단히 빨랐다. 76년에 개척을 해서 4년 만에 조직 교회가 되었고, 5년 만에 담임목사를 위임목사로 세웠다는 것이 노회 안에서 특별한 일이라 소문이 났다. 이것이 내 모교인 장로회 신학대학까지 알려지면서 사역의 지경도 넓어졌다. 전국 교회여성지도자 반에서 전도학 강의를 의탁해 매주 월요일에 서울을 다니기도 했다.

82년 3월에는 나의 발전을 위해 장신대 대학원에 입학해 선교학을 공부했다. 84년 2월 23일 졸업하기까지 2년간 공부하면서 특히 서정운 교수님과 친밀한 관계가 되었다. 서 교수님은 지도자의 참 모습을 가진 분이셨다. 권위적인 면보다 겸손하고 부드러운 지도자였다. 평소 소탈한 성품이 너무 좋아 많은 학생에게 존경을 받으셨다. 하나님은 때에 맞는 만남과 교제로 나를 한층 더 성장시켜 주셨다. 이 또한 나에게는 무엇과도 바꿀 수 없는 은혜였고 축복이었다.

## 뜻하지 않은 이민목회

1985년 5월, 하나님께서 내 인생의 방향을 다시 한 번 바꿔 놓으셨다. 순종하는 맘으로 아내와 만 3살짜리 딸 진실이와 함께 미국으로 가는 비행기에 올랐다. 목적지는 뉴욕이었다.

한국을 떠나는 일이 쉽게 결정된 것은 아니다. 10여 년 전 미국으로 이민 가신 이은수 목사님의 초청 전화를 받고 가기로 결정하기까지 서너 달 고심의 시간을 보내야 했다. 예쁘게 자라나고 있는 안정된 상당교회를 놓고, 미지의 세계인 뉴욕의 아주 작은 이민 교회를 바라보며 떠난다는 것이 실로 어려웠다. 하지만 언제나 그렇듯 우리 인생의 참 주인은 하나님이시니 뜻하지 않은 여정의 변화도 우린 아멘으로 순종해야만 한다.

한밤중 미국에서 걸려온 이은수 목사님과의 통화가 내 인생의 걸음을 바꾸는 중요한 사건이었다. 한국에서 뉴욕으로 여행 오는 목사님들을 통해 내 개척과 교회 성장에 대해 어느 정도 들었다고 하셨다. 그러더니 한국에서의 사역도 귀하지만 외국에 나와 시야를 세계로 넓힐 필요가 있다고 권면하셨다. 사실 10년 이상 아무 전화도 편지도 없으셨던 목사님께서 나를 기억하고 계셨다는 것에 놀란 것은 나였다. 대학교 1학년 때 내 손목을 붙잡고 하셨던 말씀이 여전히 생생했다.

"석홍 형제, 우리 성경공부 합시다."

목사님을 처음 보는 순간 순수함을 느끼고, 그 인격에 믿음이 생겼다. 2~3번 만나는 동안 회원이 되었고, 목사님의 첫 제자가 되었다. 6년간 교제를 하며 정이 담뿍 들었다. 그런데 어느 날 미국으로 이민을 가신다며 떠나셨다. 그리고 미국에서 사역이 자리를 잡기까지 연락을 끊으셨다.

'이은수 목사님은 어떻게 사실까?'

가끔 아련하게 이런 생각을 떠올렸는데, 어쩜 잊지 않으시고 나를 찾으신 것이다. 정이 무섭다는 말이 맞는 것 같다. 육신은 서로 볼 수 없으니 없는 것 같이 살았는데 목사님 마음만은 내 주변을 늘 살피고 있었던 것이다. 하나님의 성품 중에도 한 번 택하면 영원히 잊지 않으시는 성품이 있는데, 이 목사님께도 그 성품이 있었던 듯하다.

> 여인이 어찌 그 젖 먹는 자식을 잊겠으며 자기 태에서 난 아들을 긍휼히 여기지 않겠느냐 그들은 혹시 잊을지라도 나는 너를 잊지 아니할 것이라
> (사 49:15)

목사님과 연락이 닿은 후, 교회 사임 문제와 미국 이민 문제를 결정하는 기도에 들어갔다. 선배 목사님들 몇 분에게 자문을 구하는 일도 했다. 선배님들의 조언은 이민으로 가지 말고 잠시 여행으로 나갔다 오라는 대답이었다. 그 이유는 첫째, 이민목회가 너무 힘들다는 것이고, 둘째는 상당교회를 어떻게 개척했는데 떠나느냐였다. 유산으로 받은 주택마저 헌납한 교회인데, 청춘의 눈물과 땀을 다 드린 교회인데 어찌 그러냐는 다분히 인간적인 조언이었다.

그런데 아내와 나의 기도응답은 달랐다. 상당교회에서 7년 목회하는 동안 교회를 키우신 분은 오직 하나님 아버지이시고, 나는 심부름만 했다는 확신이 들었다. 그러기에 나의 공로를 이야기하는 것은 전혀 맞지 않는 일이라 생각이 들었다.

바울을 마게도냐에서 부르신 것처럼 나를 부르셨으니 이 시점에서 교회를 하나님께 올려드리라는 감동이 계속 왔다. 그리고 아직 젊은 나이인데 하나님이 기뻐하시는 새 일을 해야 한다는 음성이 들렸다. 그런데 한편으로 나를 괴롭히며 애를 태우는 생각도 있었다.

'상당교회는 청주에서 이미 큰 교회라는 소리를 듣는데…. 그리고 내가 평생 위임을 받은 교회인데 어떻게 이 교회를 떠난단 말인가?'

그러나 결국 성령의 생각으로 육신의 생각을 무너뜨렸다. 교회에 사표를 내니 너무 갑작스러운 일이었기에 다들 놀랐다. 당회의 허락을 맡고 이임 예배를 준비하는데 선교사 파송 예배로 드리기로 결정됐다. 내게는 영광스러운 일이었다. 언더우드, 아펜셀러 선교사를 보내줬던 미국에 이제는 내가 선교를 가게 되었으니 말이다. 노회 어른들을 모시고 성대하게 파송 예배를 드렸다. 민병억 목사님께서 설교를 해주시고, 또 다른 선배 목사님들께서 격려사와 축사 등의 순서를 담당해 주셨다. 이 예배가 지금까지 잊을 수 없는 내 삶의 정점이라 생각한다.

미국으로 떠나기 전 시골 어머님께 인사를 드리는 날이 왔다. 어머니는 뇌졸중으로 몇 년 동안 안방에만 머무시는 상황이었다. 몸도 마음도 약해지셨다. 하필 그때 이민목회를 간다고 인사를 드렸으니 얼마나 놀라셨겠는가. 어머니는 눈물을 펑펑 흘리시며 내 소매를 잡으셨다.

"석홍아, 가지마라. 안 가면 안 되느냐? 병든 어미를 놓고 어디를 간다고 하느냐?"

내 마음을 후벼 파는 원망의 말씀을 쏟아 놓으셨다. 그래도 하나님의 뜻이니 어쩔 수 없었다. 이 한마디를 남기고 눈물을 감추며 돌아섰다.

"어머니, 금방 올게요."

## 녹록지 않았던 타국생활

미국 이민의 첫 정착지는 뉴욕 퀸즈보로Queensborough에 있는 한인 타운 내 훌러싱Flushing이란 곳이었다. 그곳에는 한인 가게들이 많았고 슈퍼도 5개 정도, 대형 식당도 여러 개가 있었다. 그러다보니 한인들을 자주 마주칠 수 있어서 초기 이민자들이 외로울 때면 쉽게 찾아오는 곳이 바로 훌러싱이었다.

교회 사택으로 얻어놓은 셋집에 무사히 도착했다. 교회당이나 사택이나 모두 한인 타운에 위치해 있었으니 외로움을 느낄 겨를도 없이 미국 생활에 적응했다. 대신 영어가 늘지 않는 단점이 있었다. 그래도 한국 사람들이 많으니 누구에게나 도움을 구할 수 있어서 급한 일을 만나도 두려움은 없었다.

부임한 교회는 임마누엘세계선교교회였고, 처음 인원은 40명 정도였다. 그 뒤 70~80명으로 부흥된 적도 있다. 교인 수는 적었지만 담임목사가 하는 일은 청주 상당교회보다 더 많았다. 우선 설교 담당과 주보 작성, 교인 차량 수송, 문제 가정 심방, 기도 생활, 영어 공부, 아내 몫이지만 전 교우 점심 준비 및 정리까지 참 많았다. 첫 임지에서 정신없이 배우고 열심히 사역했다. 교인들은 노인이 많았는데 어려운 분들도 많았다. 모두 다 잘 돌봐야 할 분들이었다.

부임 초기에는 낯선 이국 문화에 적응하느라 힘들었다. 그때 내게 힘을 주었던 친구들이 있는데, 장신대 동기목사 세 사람과 또 선후배 몇 명이다. 이 친구들이 우리 집에 자주 놀러와 식사도 하고 운동도 같이했다. 그러는 동안 조금씩 뉴욕 시민이 되는 비결을 배우게 되었다.

1년을 긴장하며 정신없이 지냈다. 그 시간동안 스트레스가 누적해 병이 난 것도 모른 채 말이다. 몸이 점점 수척해졌다. 보는 사람마다 무슨 고민이 있느냐는 질문이 많았다. 후에 알고 보니 당뇨였다. 당뇨병에 대한 지식이 너무 없었기에 갑자기 소변을 자주 보게 되고, 음료수를 자주 마시게 되고, 유독 아이스크림을 좋아하게 되었어도 내 몸에 문제가 발생한 것을 전혀 몰랐다. 친구 목사님 교회를 방문했다가 협동목사인 의사선생님을 만나 이야기하는 중 당뇨 진단을 받았을 정도였다. 당뇨의 원인 중 하나가 심한 스트레스라는 것도 그때 듣게 되었다. 바로 병원에 입원을 하라고 했다. 하지만 그럴 처지가 아니었다. 결국 교회에 걱정을 끼칠 수가 없어서 약으로 치료를 시작했다. 이민 교회에 와서 첫해에 일생을 앓게 될 당뇨병을 얻게 된 것이다.

진단을 받고 얼마 후 아침에 주사를 맞기 시작했고, 10여 년 전부터는 아침·저녁으로 하루 2번씩 주사를 맞아오고 있다. 그러는 동안 당뇨 합병증이 나타났다. 망막 미세 혈관이 터져 한동안 성경도 설교 원고도 보이지 않았다. 낙심 중에 안과병원에서 수술치료를 받았는데 완전히 회복이 안 되었다. 그런데 기적이 일어났다. 성도들과 함께 기도하는데 하나님의 은혜가 임한 것이다. 하나님께서 16절지 원고와 중형 성경을 읽을 수 있게 해주셨다. 운전도 하게 하셨다. 심근 경색이 와서 치료를 받던 중 2013년에는 협심증 수술도 받았다. 그 후 종아리 부분 혈관 수술까지 했다. 현재는 췌장을 떼내고 신장 기능까지 악화된 상태이다. 정기적으로 3~6개월마다 네 분야의 의사를 만나 점검 후 약을 받아야 하는 상태이다.

이렇듯 내 몸은 하나님의 은혜로만 유지되고 있는 병약한 몸이다. 그럼에도 약한 나를 정년까지 마치게 해주셨다. 나는 불편하지만 절대 불행하지는 않다고 외친다. 더불어 사도 바울의 고백도 함께 외친다.

> 그러나 하나님께서 세상의 미련한 것들을 택하사 지혜 있는 자들을 부끄럽게 하려 하시고 세상의 약한 것들을 택하사 강한 것들을 부끄럽게 하려 하시며 (고전 1:27)

나는 약한 자를 들어 쓰시는 하나님의 깊은 뜻이 있다는 것을 알고 있다. 하나님의 일을 하는데 우리가 가진 것은 전혀 문제가 되지 않는다. 우리는 도우시는 그분의 손길만을 믿고 나아가면 된다. 때론 우리의 약함이 하나님의 강함을 드러내는 최고의 도구가 됨을 알기 때문이다. 가난하게도 하시고 약하게도 하시며 은혜를 주시는 하나님께 감사를 드린다.

## 너희들 너무 하는 것 아니냐?

규모가 적은 이민 교회를 담임하면서 재정적으로 늘 긴장해야 하는 처지에 놓였다. 그에 비하면 청주 상당교회는 얼마나 부유했는가! 누가복음 15장을 보면 집 나온 탕자가 돼지나 먹는 쥐엄나무 열매로 주린 배를 채우며 아버지 집의 넉넉함을 그리워하는 장면이 나온다. 내가 그런 비슷한 그리움을 가졌던 때가 있었다. 그러는 중 성령께서 상당교회의 목회 7년을 돌아보게 하셨다. 외형적인 교인 숫자와 조직 교회를 만들기까지 애쓴 것은 틀림없다. 그러나 정작 하나님의 마음을 이해하고 하나님의 마음에 맞는 교회를 만들기 위해서는 한 일이 거의 없었다는 사실을 깨달았다.

첫 목회지, 첫 단독 목회를 하면서 너무 흥분했던 것이 사실이다. 하루라도 빨리 교회당을 짓고, 다른 선배 목사님들처럼 교인 수를 늘려야 할 것만 같아서 오직 외적 성장만 생각했다.

'왜 교회를 성장시켜야 하는가?'

이 근원적인 질문에 대한 답은 제대로 준비도 하지 않았다. 그냥 보통들 그렇게 하니까 정도로만 안이하게 생각했다. 그러는 중 교인 수가 좀 성장되었고, 헌금이 점점 늘어났다. 그 헌금을 어느 곳에 썼는지 돌아보니 뜻있게 썼던 기억이 떠오르지 않았다. 헌금이 제일 많이 쓰인 곳은 교회 주차장 부지를 확장하는데 썼던 것 같다. 교회 옆 낡은 주택을 한 채 사고, 또 사고, 몇 채를 샀지만 늘어나는 교인들의 자동차를 주차시키기에는 계속 모자랐다. 그래서 계속 땅만 보며 살았다.

하나님께서 얼마나 마음 아파하셨을까? 전 세계에 복음을 들어보지 못한 미전도 종족이 6천 종족이나 된다는데 우리 교회는 이들을 생각지도 못한 것이다. 하늘을 바라보지 못한 결과였다. 모든 것에 균형을 맞추어야 하는데 일방적인 헌금 지출이었다.

오직 성령이 너희에게 임하시면 너희가 권능을 받고 예루살렘과 온 유대와 사마리아와 땅 끝까지 이르러 내 증인이 되리라 하시니라 (행 1:8)

우리 한국 교회가 오해하고 있는 부분은 이것이다. 예루살렘을 선교하고 그 다음에 여력이 있으면 유다, 그리고 또 여력이 있으면 사마리아, 그리고 더 여력이 있으면 땅 끝이라는 생각을 한다. 그래서 우선 우리 교회 건축을 최우선으로 한다. 그리고 교육관을 생각한다. 거기까지 했으면 이제는 외국의 미전도 종족 선교를 조금이라도 생각해야 하는데 거기서 끝나지 않는다. 기도원을 지어야 하고, 교인 묘지를 만들어야 한다고 주장한다. 그러다보면 10년, 20년 된 교회 본당 건축이 오래되어 신축 이야기가 나온다.

이렇게 헌금이 내적으로만 돌고 돌다보면 평생을 나만 예배드리고, 잘 먹고 즐기는 교회가 되고 마는 것이다. 오늘도 전 세계 도처에서 복음을 기다리다가 그냥 지옥불로 떨어지는 영혼이 얼마나 많은가! 그 영혼을 위해 복음 전도자를 애타게 찾으시는 하나님은 우리를 어떻게 보실까.

"너희들 너무 하는 것 아니냐?"

이렇게 실망과 원망의 하소연을 하실지도 모른다. 복음 전도는 우리가 해야 할 사명 중 가장 시급한 일이다. 그 어떤 일도 생명을 살리는 일보다 더 급한 일은 없다. 교회를 짓는 동안에도 선교에 관심을 기울이고 실천하는 교회가 많이 일어나야 할 것이다. 건축 채무가 남아있는 교회도 다 갚은 뒤에 선교하겠다는 생각은 버려야 한다. 빚을 갚는 일도 중요하지만, 선교를 쉼 없이 하는 것은 더 중요하기 때문이다. 교회가 선교를 제대로 하지 못했다면 그것은 담임 목회자의 과오이다. 하나님의 소원에 눈을 뜨지 못했기 때문에 교인들을 가르치지 못했고, 선교를 행하지 못했기 때문이다.

그날 나는 깊게 반성하고 회개의 무릎을 꿇었다. 지난날의 과오를 하나님께 고하고, 나의 잊었던 사명을 다시 찾았다.

## 이민목회 2기

세계의 수도 뉴욕에서 이민 목회를 시작한 지 3년이 되었다. 이제 뉴욕의 지리도 익숙해지고 운전도 제대로 할 수 있게 되었다. 첫 자동차는 어느 집사님이 폐차하려던 헌 승용차를 받아 운전을 배우는 용도로 사용했다. 좀 익숙해지자 새 중형

차를 헌납하시는 분이 있었다. 경제적인 여유가 있는 집사님이 목회자를 존경한다며 사주셨기에 기쁘게 받아 기분 좋게 운전했다. 이때쯤 교인들과의 대화도 원활히 되었고, 특히 미국인과도 가끔 만나 서툴지만 대화를 할 수준이 되었다.

우리 교회는 미국 교단, Reform장로교회에 소속된 한인 교회였기에 노회가 열리면 미국 목회자들과 같이 앉아 회의를 했다. 회의가 빨리 진행될 때는 무슨 내용인지도 모르고 앉아 있을 때도 있었다. 그러나 점진적으로 그들과도 친밀해졌다.

이 교단에는 내게 은혜를 베푼 목사님이 한 분 계셨다. 내가 한국에서 이민 수속을 할 때 초특급으로 빨리 해결해주신 이 교단의 총무, 힘스트라 목사님이 계셔서 더 정겨웠다. 그가 서울에 출장을 왔던 날 처음으로 호텔에서 인사를 나누었고, 이튿날 미국 대사관에 함께 갔었다. 대사관 직원들이 친절하게 맞아주고 진지하게 이야기를 들어줬다. 자기나라 교단 지도자들에게 특별대우를 해주는 것 같았다. 한국과 많이 다른 것을 보면서 이것이 기독교 국가의 진면목이라 생각했다. 인사 몇 마디 한 것으로 비자 인터뷰가 끝나고, 그날로 바로 이민 허가를 해주는 것이 아닌가. 와! 얼마나 많은 목사가 비자를 얻지 못해 애를 태우는데! 이민 비자가 안 나와 얼마나 많은 사람이 발을 구르며 기다리는데! 나는 힘스트라 목사님이 한 번에 다 해주신 것이다. 예수님께서 우리가 천국에

갈수 있도록 모든 것을 한 번에 다 해주신 것과 같은 느낌을 받았다. 그 일로 나는 그분과 특별히 친밀했고, 그 교단에 소속된 것이 내게 행운이구나 생각했다.

88년도에 이 정든 교단을 떠나는 일이 생겼다. 미주 한인 장로회 동부노회에 소속된 필라델피아 새순교회에서 나를 초청해준 것이다. 이 교회는 한국 영락교회에서 잘 알고 지내던 박희진 장로님과 이부덕 권사님의 아들들이 이민 생활을 하면서 개척한 가족중심 교회였다. 지금은 박 장로님 내외분과 개척 선두에 계셨던 박형균 장로님까지 세 분 모두 하늘나라에 가신 상태지만, 당시 박희진 장로님께서 담임목사로 초청해주신 것이다. 교회 위치도 필라델피아 인근 몽고메리 카운티에 있는 백인 중심지역에 있어서 교육과 안전에 좋은 지역이었다. 그보다 내 마음을 움직였던 것은 이부덕 권사님께서 나를 놓고 특별기도를 하고 계신다는 소식이었다. 그 말을 듣고 두 손을 들어 이주키로 결정했다. 바울이 환상 중에 마게도냐에서 부름을 받고 순종한 것이 떠올라서 였다.

> 밤에 환상이 바울에게 보이니 마게도냐 사람 하나가 서서 그에게 청하여 이르되 마게도냐로 건너와서 우리를 도우라 하거늘 바울이 그 환상을 보았을 때 우리가 곧 마게도냐로 떠나기를 힘쓰니 이는 하나님이 저 사람들에게 복음을 전하라고 우리를 부르신 줄로 인정함이러라 (행 16:9-10)

사도 바울은 마게도냐에서 도와달라는 요청이 오자 모든 인간의 계획을 다 버리고 달려갔다. 나도 목회자로서 도와달라는 말을 거절할 수가 없었다. 그래서 미국에서 제2기 목회가 시작된 것이다. 이민 첫 도착지가 언제든 고향이라는 말이 있다. 그런 의미에서 내 고향은 뉴욕 훌러싱이다. 힘들었던 곳이 더 정겹다는 말처럼 첫 이민지인 훌러싱은 내게 정든 고향과도 같았다. 그러니 필라델피아가 더 안정된 곳이라고 해도 떠나는 내 발걸음은 무겁기만 했다.

## 이민목회자의 기쁨과 슬픔

필라델피아 새순교회는 안정된 교회였다. 장로님이 세 분이신데 모두 한 가족인 덕에 의견이 나누어지지 않았다. 한 가족 같은 화목한 교회였다. 목회자에게는 당회가 하나 되는 것이 얼마나 편한지 모른다. 편안한 교회가 부흥도 되어 100여 명 정도 회집이 되었다. 자동으로 교회의 일꾼들이 나와서 자원으로 봉사하니 내 일도 많이 줄어들었다.

온 교인의 생활수준도 높은 편이었다. 의사, 세탁소 사장, 운동복, 여행가방 판매업 등 안정된 가게를 운영하기 때문에 흑인들의 공격도 별로 없었다. 교인들이 흑인의 공격을 받으면 본인도 놀라지만 목회자도 동시에 며칠씩 가슴이 뛴다. 그렇게 내 삶이 점점 안정된 미국 생활에 적응되어갔다.

딸 진실이는 초등학교를 다닐 때 선생님들의 사랑을 많이 받았다. 다른 한국 아이들도 우수한 성적을 받은 아이들이 많았지만, 특히 진실이는 수학을 중심으로 모든 과목에 최고 점수를 받아왔다. 어느 과목은 월반해서 공부하고, 어느 과목은 영재반에 들어가 공부했다. 장차 목표가 하버드 대학이라고 자랑하기도 했다. 한국 이민자들은 힘들게 일하면서도 자녀의 성적 덕에 이민 생활의 보람을 찾기도 한다. 우리 부부에게도 딸 진실이는 큰 보람이고 위로였다. 미국 이민의 장점 중 하나는 이민을 합법적으로 받는 나라답게 인종차별 없이  공부시키는 문교부 정책이 눈에 보인다는 것이다. 그러기에 미국을 목표로 이민 오려고 애쓰는 것 같았다.

나는 설교향상을 위해 목사님들로 구성된 설교모임의 회원이 되었다. 매주 준비한 설교문을 발표하고 토론도 하며 지적을 받기도 했다. 또 필라델피아 교회협의회에 가입해 활동하면서 총무로 봉사하다가 부회장으로도 활동했다. 이런 다양한 활동으로 여러 초교파 교역자들과 친밀해지니 영적으로 안정된 분위기에서 평안했다.

그런데 이민 생활 8년차였던 93년 음력 정월 23일, 어머님께서 돌아가셨다는 소식을 들었다. 소식은 들었으나 전혀 움직일 수 없는 상황이었다. 당장에 주일날 설교를 대체할 수가 없었기 때문이다. 부목사나 전도사라도 있어야 설교를 맡길 수 있는데 우리 교회에는 사역자가 나뿐이었다. 그냥 주저앉아 3일을 허송하며 눈물만 흘렸다. 주일날 예배를 마친 후 교회에 알리고, 서둘러 월요일에 출발하는 비행기를 탔다. 비행기에서 이틀을 보내고 집에 도착하니 어머니가 돌아가신 후 1주일이 지난 후였다. 아버님 때처럼 조문객은 단 한 명도 없고, 집은 적막했다. 무거운 발걸음을 옮겨 어머니께로 갔다. 어머니 묘지에 엎드려 불효했던 나 자신을 원망하며 얼마나 많이 울었는지 모른다.

"어머니! 금방 올 거예요."

병든 엄마를 두고 어딜 가느냐며 나를 붙잡았던 어머니께 이 말을 남기고 떠났었다. 결국 나는 애초부터 지키지 못하는 약속을 했던 것이다. 군 생활 중 아버지 장례도 참석하지 못했는데, 어머니의 임종과 장례 역시 못 지키고 말았다. 나는 천하에 없는 불효자였다. 두 분은 나를 이 세상에 있게 해주신 분들인데, 난 왜 그렇게 모든 상황이 안 맞았을까….

> 자녀들아 주 안에서 너희 부모에게 순종하라 이것이 옳으니라 네 아버지와 어머니를 공경하라 이것은 약속이 있는 첫 계명이니 이로써 네가 잘 되고 땅에서 장수하리라 (엡 6:1-3)

내 마음과 달리 내가 살아온 실체는 완전히 불효자의 삶이었다. 그 사실이 나를 더 슬프게 했다. 부모님께 받은 은혜는 크기만 한데 대접해드린 것은 없고, 불순종으로 마음만 상하게 했던 기억이 떠올랐다. 서럽고 안타까운 마음에 늦도록 어머니 앞에서 참회의 눈물을 흘렸다.

## 다시 한국으로

어머니 장례식에도 불참하고 상주 노릇도 못했지만, 다시 필라델피아 목회지로 돌아와야만 했다. 그 후 93년 하반기부터 한국에서 연달아 전화가 왔다.

"이제 한국으로 돌아오라."

신학교 동기 목사 2명과 또 다른 친밀한 친구 사역자 2명이 서로 사귐이나 교제도 전혀 없는 사이인데도 마치 짜 맞춘 듯 공통된 권면을 하는 것이다.

"돌아오라!"

그런데 임지를 지정해서 오라는 것도 아니었다. 미국 목회도 의미가 있지만, 이젠 한국에 와서 선교운동을 벌려야 하지 않겠느냐는 것이다.

이게 웬 말인가? 8년을 지내면서 내 마음속에 굳게 다짐한

신념이 있었다.

'다시는 한국으로 절대 돌아가지 않는다!'

하나님께서 어렵고 힘든 이민 목회지에 나를 보내실 때는 분명한 뜻이 있었을 거라는 확신을 가졌기 때문이다. 그래서 중간에 2번 정도 한국 교회의 초빙이 있었을 때 모두 그 자리에서 정중하게 사양했던 적이 있었다.

한국으로 돌아갈 수 없는 이유 중 또 하나는 딸 진실이였다. 학교에 너무도 잘 적응하고 있고, 학교 모든 교사의 칭찬을 받고 있는 상황이었다. 한국에서는 부유한 사람들이 자녀의 장래를 위해 계획 이민이나 유학을 보내는 판국인데, 진실이는 저절로 와서 이미 학교에 적응도 잘하고 공부도 특별하게 잘하는데 다시 한국으로 갈 이유가 전혀 없었다.

그러나 '절대 안 간다!'는 내 각오는 점점 약해졌다. 그 이유는 하나님이었다. 나와 아내가 기도를 하는 중 만약에 하나님께서 '꼭 돌아오라!'고 말씀하신다면, 우리가 끝까지 자식 핑계를 댈 수 있겠는가? 군 사령관이신 예수님께서 내가 꼭 필요한 곳에서의 근무를 명령하셨다면, 내가 무슨 권위로 거절할 수 있겠는가!

신학교 졸업식장에서 부른 찬송가 가사가 자꾸 떠올랐다. 주님께 부름을 받아 나선 몸이니 어디든지 가겠노라 다짐했던 찬양이 떠올랐다. 괴로우나 즐거우나 주님만 따르겠다던 고백, 죽음도 그 누구도 나를 막을 수 없다는 결단, 내가 가진 것을 모두 아낌없이 드리겠다는 헌신, 이름도 없이 빛도 없이 오로지 주님만 섬기겠으니 모든 영광은 주님 홀로 받으시라는 그 순수한 열정이 다시 한 번 내 마음을 뜨겁게 했다.

나는 이미 하나님께 내 인생을 맡긴 사람이다. 그러니 주님 뜻이라면 영주권도 포기하고, 진실이 교육도 희생하고, 편리한 미국 생활도 포기해야 하는 것 아니겠는가. 그것은 선택의 문제가 아닌 당연한 결과였다. 나는 하나님 앞에 두 손을 들었다.

> 무릇 내게 오는 자가 자기 부모와 처자와 형제와 자매와 더욱이 자기 목숨까지 미워하지 아니하면 능히 내 제자가 되지 못하고 (눅 14:26)

나는 주님의 진짜 제자가 되는 삶을 택하기로 결정했다. 당회의 필사적인 반대도, 정들었던 필라델피아 목회자들과의 아쉬운 이별도, 임지가 정해지지 않은 불안한 상황도 내겐 아무런 문제가 되지 않았다. 나를 향하신 하나님의 음성을 분명히 들었기 때문이다.

## 목회자와 이삿짐

이삿짐은 최대한 줄이기로 했다. 비용이 많이 나올 것 같아서였다. 전기 제품과 피아노, TV, 오디오 시스템, 장식장, 그릇 등은 필요한 사람들에게 나눠주고, 목회용 도서만 컨테이너 화물로 부쳤다. 하나 남은 승용차 때문에 생각이 길어졌는데 한국에 책과 함께 화물로 가져가느냐 미국에서 처리하느냐는 결정 때문이었다.

필라델피아 목회를 하는 동안 2번째 승용차를 탔는데 중형차, 뷰익이었다. 차 모양도 중후하고 안락한 차였다. 목회를 위해 쓰였고, 설교모임 가는 일에 쓰였고, 교회 협의회 일을 위해 쓰였고, 진실이의 등하교를 돕는데 유용하게 썼다. 차는 아직도 새 차나 다름없이 성능이 좋았다. 그냥 버리기에는 아까운 차였다. 그렇다고 한국에 가자니 또 다른 문제가 있을 수 있었다. 한국에서 개척 교회를 할 텐데 개척하는 목사가 중고지만 미제 자동차를 타고 다닌다면 좋은 시선이 있을 리 없다. 그래서 결론을 내렸다. 선배 목회자 한 분이 너무 낡은 차를 타시는데 그분께 증여를 하기로 마음먹었다.

"선배님! 이 차 선배님께 드릴 테니 잘 쓰세요."
"네? 고맙긴 한데…, 돈은 얼마나 드려야 합니까?"
"절대 대금은 없는 차입니다. 하나님께서 주신 줄로 알고 잘 쓰시면 그것으로 족합니다."

이렇게 서로 기쁜 마음으로 차량을 정리했다.

'목회자와 이삿짐'으로 여러 생각을 해 보았다. 감리교 목사님들에게 전해지는 이야기가 하나 있다. 목회자는 항상 준비되어 있어야 하는데 즉시 설교할 준비, 이사할 준비, 죽을 준비를 해야 한다는 것이다. 다른 준비는 그렇다 치고, 나그네 인생인 목회자들은 필히 이삿짐을 작게 해야 한다. 첫째는 이삿짐을 받을 사택의 크기가 어떨지 모르고, 둘째는 성도들이 이삿짐이 많은 것과 크고 비싼 것을 보고 시험에 들 가능성이 있기 때문이고, 셋째는 이삿짐 싸고 푸는 일이 너무 힘들기 때문이다.

나와 아내는 일찍이 여행 가방을 싸는 요령이 생겼다. 최대한 작게 싸는 것이다. 한 번은 선교지를 가기 위해 일행들이 각자 가방을 들고 공항에 왔는데, 우리 가정 가방을 보고 다 놀랜 적이 있다. 어떻게 그렇게 작게 쌀 수가 있느냐는 질문이 터졌다. 작게 싼다고 옷이나 용품을 모자라게 싸는 것은 아니다. 부족해서 현지 구입하는 일도 없었다. 예수님께서도 가방 문제를 이야기 하신 적이 있다.

> 여행을 위하여 배낭이나 두 벌 옷이나 신이나 지팡이를 가지지 말라 이는 일꾼이 자기의 먹을 것 받는 것이 마땅함이라 (마 10:10)

한국에 가져가는 짐 중에 몇 가지, 교회용품은 무거워도 가져갔다. 개척 교회를 하면 하나를 구입하기에도 어려울 것이라 여겼기 때문이다. 우선 사무실 복사기와 여러 용도의 사무용품도 준비했다. 성탄절마다 사용할 트리도 대형과 중형 2개를 준비했다. 그 트리는 23년이 지난 지금까지 우리 교회 본당에 세워놓고 있다.

그렇게 미국 9년의 이민 생활을 마감하고, 역 이민 길에 올랐다. 다시는 한국으로 돌아가지 않겠노라 했던 다짐은 오간 데 없이 주님께서 부르시니 기쁜 맘으로 비행기에 올랐다. 94년 2월 17일, 드디어 고국 땅을 밟았다.

우리가 다 그의 충만한 데서 받으니
은혜 위에 은혜러라

요한복음 1장 16절

## 세 번째 이야기

### 은혜로 세우시고

## 고향 땅 내가 자라난 집으로

'충북 청원군 가덕면 병암리 205-1'
비행장에서 곧장 청주를 거쳐 내 본적 주소지에 도착했다. 부모님은 두 분 다 돌아가시고, 대신 형님 내외분과 조카들 3명이 살고 있었다. 이집은 아버지가 나 어렸을 때 지은 빨간색 기와집이다. 그 일대에 기와집이 드물게 있을 때 빨간 기와집이 생기니 사람들이 명물처럼 '빨간 기와집'이라 불러 주었다. 형님은 토지를 직접 농사하지 않고 소작인에게 빌려주고 1년 양식을 받아서 살고 있었다. 잡곡, 야채를 얻기 위해 텃밭농사는 조금 짓는데 그것도 힘드신 모양이었다.

　우리 세 식구가 가방 1개씩을 들고 형님댁에 들어와 방 하나를 차지해 생활을 시작했다. 내가 결혼 전이고 젊었다면 당연한 일인데, 독립해서 살다가 48살에 형님댁으로 들어가 살려니 좀 불편했다. 그러나 어쩔 수가 없었다. 형님께 미국 목회를 내려놓고 귀국하게 된 동기를 설명했는데 전혀 이해를 못하시는 눈치였다.
　"하나님의 기도 응답을 받고 귀국했습니다."
　"하나님의 뜻을 받들어서 돌아왔습니다."
　이런 말이 마음에 걸리시는 듯 보였다. 그때 형님은 예수를 믿지 않는 무신론 상태였고, 그러니 이런 용어를 이해할 리가 없었다. 아마도 형님의 입장에서는 이렇게 생각하셨을 지도 모른다.

'석홍이가 미국에서 뭔가 실패해서 할 수 없이 귀국하지 않았을까?'

하지만 절대 아니라고 해명할 길이 없는 문제였다. 어쩔 수 없이 곧 하나님의 역사로 내가 새 일을 시작하는 모습을 형님께 보여야 한다는 각오를 했다.

형님은 재차 내게 물으셨다.

"앞으로 무엇을 하려고 하느냐?"

"개척교회를 하려고 합니다."

"얼마나 돈이 들어가는가겠느냐?"

"1억 이상 들지 않겠나 생각합니다."

"누가 재정을 주느냐?"

"하나님께서 주실 거예요!"

내 입에서 또 하나님이란 말이 나오자 이번엔 아예 말문을 닫으셨다. 아마도 내가 미쳤다고 생각했을지도 모른다. 땅의 것만 보는 형님에겐 그 상황이 얼마나 절망적이었겠는가. 하지만 하늘을 쳐다보는 내게는 얼마든지 해결가능한 일이었다. 영적 시각이 열려 있느냐, 닫혀 있느냐가 엄청난 사고의 간극을 초래하는 것 같다.

구약 성경에 나오는 엘리사 선지자 이야기가 생각났다. 몸종 게하시가 눈이 감겨 돕는 하늘의 천군 천사를 보지 못하자 엘리사는 이렇게 기도했다.

> 기도하여 이르되 여호와여 원하건대 그의 눈을 열어서 보게 하옵소서 하니 여호와께서 그 청년의 눈을 여시매 그가 보니 불말과 불병거가 산에 가득하여 엘리사를 둘렀더라 (왕하 6:17)

엘리사 선지자의 눈은 영적으로 열려있어 평안했는데, 몸종의 눈은 그때까지 영적으로 닫혀있으니 불안하기만 했을 것이다. 우리 모두가 육의 눈도 건강해야 하지만 무엇보다 영의 눈이 열려 있어야 한다.

청주에 도착하고 한 달 사이에 기성 교회의 담임목사 자리가 여러 곳 들어왔다. 서울, 평택, 대전, 청주, 영주 등에 위치한 중형 교회들이었다. 감사한 일이었으나 나의 마음엔 기성 교회가 아닌 개척 교회가 새겨져있었다. 개척 교회를 결심하고 기도하고 있었지만 후원자나 교회가 아직 나타나지 않아 마음 졸이며 기다렸다.

## 세밀히 돕는 손길

답답하게 보일만큼 기도만 했다. 그러던 중 드디어 기쁜 소식이 왔다. 예전에 같이 사역하던 청주 C.C.C회원 몇 명이 시골집을 찾아온 것이다. 내가 간사로 일하던 초기에 성경공부를 같이하던 회원들이었기에 유독 정이 많이 들었던 반가운 이들이었다. 모두다 대학을 졸업하고, 이제는 20년 이상 직장생활을 한 중년들이 되어있었다. 대학 교수 오기완 형제, 약사 이규형 형제, 교사 연순동 자매였는데 그들이 어느 날 나를 걱정하는 모임을 가졌다는 것이다.

하나님은 이렇게 전혀 상상치도 못한 방법으로 일하신다. 그들이 그 모임을 통해 내가 개척할 수 있도록 의견을 모은 것이다. 개척을 위해서는 거처할 집이 최우선 필요하니 그 일을 위해 형편대로 모금을 했던 것 같다. 3천여만 원을 마련하여 개신동에 전셋집을 계약하고 나를 찾아온 것이다. 얼마나 고마운 일인가! 미국에서 귀국 후 나와 전혀 만남이 없었던 가운데 내 형편을 꿰뚫고 물질적 후원을 결행한 일이었기에 눈물 나도록 감사했다. 하나님의 일하심이 아니었다면 어찌 이런 일들이 가능했겠는가!

드디어 형님댁에서 해방될 날이 왔다. 청주로 나와 첫 번째 둥지를 틀었던 곳이 32평형 개신 아파트였다. 큰 가방 3개를 한쪽 벽에 붙여놓고 나니 방 3개가 텅 빈 상태였다. 가구가 없으니 집이 바다같이 커 보이기만 했다.

이사 후 한 달 사이에 중고 가구가 하나씩 들어왔다. 제일 먼저 양복과 이불을 넣을 장이 들어왔다. 흠 없이 가까웠던 김성수 형제가 이사하는 어느 교수가 버린 장이 너무 깨끗했다며 우리 집으로 실어온 것이다. 감사히 받았다. 그 다음엔 내 책상과 그 외 몇 가지가 더 들어왔다. 모두 다 깨끗한데 새 것으로 바꾸며 버린 것들이었다. 가구들을 재활용하니 너무 기분이 좋았다. 그때 내 기도는 천국의 소망이 극대화된 상태였다. 우리가 언제라도 천국에 들어갈 때는 세상에서 사용하던 가구들을 다 버려야 한다. 만약 버리는 물건이 비싼 가구나 보물이라면 얼마나 아깝겠는가! 그러나 나는 다 버려도 아까울 것이 없으니 너무 좋다는 생각을 하면서 살았다.

예전 같았으면 꿈도 꿀 수 없었던 가족의 지원도 있었다. 형수님께서 먼저 예수를 믿으시고 가덕교회 권사로 봉사하고 계셨던 덕에 개척 교회에 대한 이해가 크셨고, 이에 형수님의 계속된 지원이 너무 컸다. 처음엔 밥그릇, 국그릇, 숟가락, 젓가락 등을 싸 주시고 밑반찬과 세 식구 양식까지 다 마련해주셨다. 그리고 해마다 김장김치와 밑반찬, 쌀은 현재까지 24년간 지원해 주고 계신다. 주님의 마음이 아니면 가능할 수 없는, 그 어려운 일을 해주신 형님 내외분에게 감사할 뿐이다.

그 외에도 개척을 지원해주신 분들이 많다. 그 모든 분들에게 하나님께서 천국에서 크게 보상해주시길 기도하고 있다. 이렇게 지원은 사람들의 손으로 했지만, 그 마음들을 감동시키시고 실행케 하신 분은 하나님이심을 믿는다.

내가 산을 향하여 눈을 들리라 나의 도움이 어디서 올까 나의 도움은 천지를 지으신 여호와에게서로다 (시 121:1-2)

미국에서 귀국을 결정하고 내내 기도했던 것이 있다.
'누가 나의 개척 교회 목회를 도와줄까?'
그 기도에 하나님은 전혀 예상치 못한 사람들을 등장시켜 응답해주셨다. C.C.C형제들과 형님 내외분 등 구체적 인물들을 통해 도와주신 것이다. 하나님은 우리를 세세히 살피시며 도우시는 분임을 체험하면서 아직 남은 개척 교회를 위한 큰 재정과 인원도 채우실 것을 믿었다. 많은 사람은 물질 즉 재정을 먼저 준비하고 나서 주의 일을 해야 한다고 생각한다. 그러나 내 경우는 하나님의 거룩한 뜻을 찾고 나서 기도하며 기다릴 때 모든 것을 채우시며 이루어 가시는 하나님이셨다.

하나님께는 부족한 것도, 없는 것도 없다. 우리의 모든 것을 부족함 없이 채우시는 주님께 찬양을 올려드림이 마땅하다.

## 개척 준비 기도회

청주에 이사해서 입주한 아파트가 당시 보기에 공간이 넓어 보였다.

'집이 이렇게 넓은데 여기서 예배를 드리면 안 되나?'

이런 생각을 하며 2번의 주일 예배를 순회하며 드렸다. 첫 주일은 서울 박조준 목사님이 계신 갈보리교회였고, 두 번째 주일은 이동휘 목사님이 계신 전주 안디옥교회였다. 박 목사님께 귀국 인사를 드렸더니 반가워하셨다. 이동휘 목사님은 그때까지는 안면이 없었는데 안디옥교회가 미국에까지 선교하는 교회로 정평이 났기에 방문한 것이다. 한국에서 선교하는 교회하면 '안디옥교회'가 나온다. 얼마나 선교하고 어떻게 목회하시는지 너무 궁금했다.

오기완 집사와 함께 승용차로 전주 안디옥교회에 도착했다. 예배당은 원형 양철로 된 긴 군대 막사처럼 보였다. 그 안에 들어가 자리를 잡고 앉았는데, 톱밥 난로 서너 개에서 나오는 연기로 예배당 안은 매웠고 답답했다. 강단까지의 거리도 너무 멀고, 연기에 가려 목사님 얼굴도 제대로 볼 수가 없는 상황이었다. 그런데 놀란 것은 이렇게 예배 환경이 안 좋은데도 2천여 교인이 가득히 모인다는 것이다. 그 이유는 무엇일까? 예배를 드려보니 목사님 말씀이 너무 좋았고, 성도들이 목사님의 선교정신에 감동을 받았기 때문인 것 같았다.

'아! 교회를 개척할 때 장소에 너무 많은 비중을 둘 것이 아니구나. 오히려 목회 이념에 더 신경을 써야겠다!'

본이 되는 선배 목회자를 만나니 앞으로의 목회 방향에 금방 판단이 섰다.

그다음 주일은 94년 4월 5일로 4월 첫 주일이며 부활 주일이었다. 내 마음에 감동을 주시는 대로 우리 아파트에서 두 가정 5명이 모여 예배를 드렸다. 우리 가정 세 식구와 그동안 교회 개척을 위해 홀로 기도하던 강태춘 집사님 내외분이었다. 첫 달은 아파트에서 예배를 드려도 숫자가 적었기 때문에 전혀 문제될 것이 없었다. 열심 있는 가정이 드리는 가정 예배와 비슷했기 때문이다. 그런데 둘째 주일 한 가정, 셋째 주일 또 한 가정이 매주 늘어나다가 그다음 주에 두 가정, 또 다음 주에 두 가정 등 개척 소식을 듣고 계속 사람들이 자발적으로 찾아왔다.

그 뒤로부터 걱정이 시작됐다. 사람이 더 모일수록 최대한 찬송, 기도 소리를 적게 하면서 예배를 이어갔다. 1달 만에 20명 정도가 모였다. 거기에 어린 아이들이 따라와 모이는 숫자는 배로 불어났다. 너무 기뻤지만 또 한편으로는 걱정이 커졌다. 4월은 오후에 1번, 5월에서 9월 중순까지 총 4달 반은 낮 예배와 오후 성경공부로 모였다. 그 외에 저녁 예배, 수요 기도회, 새벽 예배는 꿈도 꿀 수 없었다.

낮 예배와 오후 성경공부 사이에 전체 점심 식사를 같이했다. 밥상이 없어서 신문지를 방바닥에 길게 깔아 놓고, 반찬 몇 가지와 밥을 먹었다. 여러 사람이 함께 정답게 먹으니 반찬이 없어도 밥맛이 절로 났다. 가덕 형수님이 보내주신 밑반찬과 쌀밥의 인기가 최고였다.

계속 불어나는 성도들을 위해 방법을 찾아보기로 했다. 급기야 8월 달부터 서남교회에 찾아가 신축 기도원 예배당을 빌려 달라고 청원했다. 죽림동 변두리 산 속에 막 공사를 끝낸 선교관 건물이 있다는 소문을 들었기 때문이다. 서남교회는 지어놓고 아직 한 번도 사용하지 않은 깨끗한 건물을 우리에게 사랑으로 허락해주셨다. 그렇게 서남교회 당회로부터 사용 허가를 받고, 9월 11일에 예배 처소를 이사했다. 좁은 아파트 시대가 지나고, 쾌적한 선교관 예배당 시대로 옮겨지니 모두 다 할렐루야! 기뻐했다. 이보다 더 좋을 수가 있을까!

> 자기 아들을 아끼지 아니하시고 우리 모든 사람을 위하여 내주신 이가 어찌 그 아들과 함께 모든 것을 우리에게 주시지 아니하겠느냐 (롬 8:32)

우리 하나님 아버지께서 때를 따라 풍성한 사랑을 부어주신 은혜의 시간이었다. 때에 따라 돕는 손길을 보내주시고,

때에 맞는 은혜와 축복으로 우리에게 힘을 주신 하나님. 그분의 변치 않는 사랑에 다시 한 번 찬양과 감사를 올려드린다. 오직 주님만이 우리의 피난처와 힘이 되심을, 나는 여전히 믿음으로 선포한다.

## 첫 달 헌금을 전액 선교헌금으로

4월엔 10여 명이 기도회만 가졌다. 한 달 동안의 주일 헌금과 십일조 헌금을 모았더니 100만 원 정도가 모아졌다. 처음 모아진 헌금이기 때문에 우리에겐 귀중한 재정이었다. 어떤 면에서 씨앗이 되는 재정이기도 했다. 10여 명의 성도들이 헌금을 놓고 토론했다.

"이 재정을 어떻게 처리할까?"

두 가지 의견이 대두되었다. 담임목사의 사례비를 해결하는 것이 교회 재정지출의 최우선이라는 주장과 선교와 구제를 위해 사용하자는 의견으로 나뉘었다. 당시 토론 직전에 '교회 7대 실천 지침'을 만들었는데, 지침 4번 조항이 이것이었다.

"교회 헌금의 65%이상을 선교와 구제를 위해 사용한다."

그러니 첫 달부터 그 조항을 실천해야 한다는 의견이었다.

둘 다 타당한 의견이라고 생각했다.

이제 두 의견에 대해 내가 당회장으로 결론을 내려야 했다. 나는 후자의 의견인 65% 선교와 구제가 당연하다고 말했다. 더불어 그 헌금은 첫 달의 헌금이니 전액 100만 원을 선교비로 쓰기를 희망한다는 의견을 제시했다. 내가 받는다 해도 35만 원을 받을 텐데, 어차피 생활비로 쓰기엔 충분치 않은 금액이었다. 그러니 이해해 달라고 청원했다. 성도들은 내가 한 달을 사례비 없이 살아야 한다는 사실에 안타까워했다. 하지만 담임목사의 의지가 확실한 것을 알고 "아멘!"으로 화답해 주었다.

그렇게 결정된 100만 원 중 절반은 장로회 신학대학의 건축비로 송금하고, 나머지 절반은 농아들을 위한 교육시설인 청주 베다니학교에 후원금으로 보내기로 했다. 다음날 바로 봉투를 만들어 나와 몇몇 집사님이 직접 사직동 소재 학교를 방문해서 전달하고 돌아왔다. 얼마나 감사했는지 모른다. 금액의 다소를 떠나 그 당시로는 참 어려운 일을 했는데, 하나님께서 기억하시고 기뻐하시리라 생각했다. 두 번째 달의 헌금도 비슷하게 나왔는데 65%를 떼어 3명의 선교사 후원비로 송금했다. 그 세 분은 현재까지 24년간 계속 후원이 이루어지고 있다. 전주 안디옥교회 방문을 통해 큰 감동을 받아 인연을 맺게 되었는데, 이동휘 목사님이 대표로 있는 바울선교회에 의뢰해서 추천 받은 분들로 이인열, 유한중, 서석주 선교사님들이다.

현재 우리 교회는 60여 명의 선교사를 후원하고 있다. 이 역시 전적인 주님의 은혜라 생각한다. 만약 선교보다 먼저 내 사례비에 급급했다면 이런 귀한 열매가 있었을까? 하나님 나라를 먼저 생각한 일로 계속 성장하는 큰 축복을 받고 있다고 믿는다.

이르시되 내가 진실로 너희에게 이르노니 하나님의 나라를 위하여 집이나 아내나 형제나 부모나 자녀를 버린 자는 현세에 여러 배를 받고 내세에 영생을 받지 못할 자가 없느니라 하시니라 (눅 18:29-30)

하나님은 세상의 모든 교회가 주님을 따라 주는 교회가 되길 원하신다. 지금 사회는 우리를 향해 이렇게 질문한다.
"교회는 사회를 위해 무엇을 하는가?"
지금 우리의 모습을 돌아보자. 교회는 이에 어떤 대답을 할 수 있을까. 걱정이 많다.

## 하나님의 특별한 선물

94년 6월의 어느 날 새벽, 전화 벨소리가 요란하게 울렸다. 아직 잠에서 깨어나기 전이었다. 전화기를 들었더니 생각지도 못한 분의 음성이 들렸다.

"송 목사, 나 김삼환<sup>당시 명성교회 담임목사</sup>이에요."

"목사님! 어쩐 일로 이렇게 일찍 전화를 하셨어요?"

"송 목사가 역이민 했다는 소식을 들었는데 내가 바빠서 연락을 못했어요. 오늘 새벽 예배를 드리다가 송 목사가 생각이 나서 예배 끝내고 곧장 전화하는 겁니다. 지금 어떻게 지내고 있어요?"

"개척 준비 기도회를 하고 있습니다."

"어디서요?"

"사택 아파트에서요."

"아파트? 아파트에서 어떻게 개척을 해요?"

"그게…. 현재 재정도 없고 해서…."

"그래요? 그러면 우리 명성교회가 청주에 개척 교회를 세워야겠네. 교회 부지를 사줄 테니 빨리 예배당을 지어요. 그렇게 아파트에서 예배드리다가 민원으로 나가라하면 어떡합니까?"

"너무 감사합니다. 근데 목사님, 예산은 어느 정도나…."

"한 3억 정도면 되지 않을까요?"

몇 마디 하는 동안 모든 개척 자금이 보조나 청원 없이 다 해결된 것이다. 1억만 해줘도 고마운데 3억 원을 먼저 말하니 내가 깜짝 놀랐다. 아직 덜 깬 잠이 확 달아났다.

그 뒤 여러 곳의 교회 부지를 찾고 찾다가 드디어 분평동 619번지 논 800평을 계약하게 되었다. 재정에 맞춰서 땅을 찾은 것이다. 평당 40만 원이었으니 총 3억 2천이었는데, 부동산 중개료까지 추가해서 보내주셨다. 개척 원년에 큰 은혜를 입었다. 아무리 큰 교회라고 해도 이렇게 쉽게 큰 재정을 보조해주다니! 이일은 하나님께서 전적으로 주관하시고 이끄신 일임을 믿고 있다. 또 김삼환 목사님을 통해 선교를 하는데 성령의 음성을 들으면 재빨리 실천해야 한다는 것도 크게 배울 수 있었다.

죽어가는 사람을 살리는 선교는 성령님의 인도를 받아 즉각적으로 시행할 때 열매를 극대화할 수 있다. 사도행전의 전도방법은 100% 성령의 인도하심을 순종함으로 열매를 맺고 있다. 회의를 하느라 시행이 지체되다가는 많은 영혼을 놓치는 경우가 발생한다. 사도행전 10장을 보면 로마군의 백부장인 고넬료가 성령의 지시에 즉각 순종했고, 주의 사도 베드로는 유대교 규범을 벗어나 성령의 음성에 즉각 순종함으로 이방인 고넬료 가정을 구원한 대 역사가 기록되어 있다. 성경의 기사를 그냥 생각 없이 읽어서는 안 될 것이다.

> 마침 말하던 천사가 떠나매 고넬료가 집안 하인 둘과 부하 가운데 경건한 사람 하나를 불러 이 일을 다 이르고 욥바로 보내니라 (행 10:7-8)

> 베드로가 불러 들여 유숙하게 하니라 이튿날 일어나 그들과 함께 갈새 욥바에서 온 어떤 형제들도 함께 가니라 (행 10:23)

그 외에도 수없이 성령께 순종한 일들로 사도행전은 한 장, 한 장 이루어졌다. 그래서 사도행전을 일명 성령행전이라 부르는 게 아닌가! 우리도 그렇게 성령께 순종함으로 사도행전을 계속 써나가야 할 것이다.

## 감동과 기쁨의 창립 예배

아파트 예배 방에 성도가 가득차서 예배를 드리게 되니 어쩔 수 없이 소음 아닌 소음이 통로까지 크게 나갔다. 그렇게 예배를 시작한 지 6개월이 되다보니 주민들의 눈길이 이상해졌다. 있을 수 없는 일을 하고 있다는 눈초리였다. 그래서 저렴한 지하 예배실이라도 임대해서 나가야 한다는 생각을 했다.

그러나 교회 재정이 모자랐고 적당한 장소가 나타나지 않아 애만 태우며 온 교인이 기도만 하고 있었다. 그때 우리를 구해준 것이 서남교회 선교관이었다.

서남교회 선교관 예배에 어린이 포함 50여 명 정도가 이사해 나왔다. 좁은 아파트에 비하니 선교관은 환경이 너무나 좋았다. 산속이라 아이들이 마음껏 뛰어 놀아도 교통사고 등의 문제가 전혀 없이 안전했다. 또 아담한 중형 예배실이 완전하게 구비되어 있어서 예배분위기를 한껏 살려 주었다. 우선 큰 소리로 찬양할 수 있고, 큰소리로 기도할 수 있는 것이 제일 좋았다. 우리 교회에겐 최적의 장소였다. 거기에 주방과 식당이 따로 준비되어 있어서 전 교인이 식사하고 교제하는 일이 편리해졌다. 아파트에 비교해 보면 마치 천국과 같은 환경이었다.

1994년 10월 8일 토요일, 서남교회 선교관에서 드디어 창립 예배를 드렸다. 서울에서 김삼환 목사님과 장로님들 그리고 찬양대원들, 일반 교우들까지 버스가 3대 도착했다. 모처럼 예배당 마당이 꽉 찼다. 이들과 함께 우리 본 교회 교인에다 청주 이웃 교회 성도들까지 충만하게 모였다. 예배 후에 점심 식사가 있었고, 서울 명성교회에서 준비한 도자기 컵을 하나씩 선물로 받았다. 진정 축제와 같은 창립 예배였다.

아파트에서 예배를 드리면서 내 마음에 든 생각이 있었다.

우리 교회가 다른 여러 교회와 비슷한 또 하나의 교회가 되어 "또 교회!" 소리를 듣지 않았으면 좋겠다는 것이었다. 대게 이런 교회는 담임목사 월급만 나오면 자립 교회가 되었다고 기뻐한다. 그러나 나는 내 생활비는 전혀 문제 삼고 싶지 않았다. 그 이상의 교회가 되어야 한다고 믿었다. 내 나이 48세, 늦게 개척하는 교회인데 오직 하나님이 기뻐하고, 사람들에게 칭찬을 받는 교회를 세워야 한다는 일념뿐이었다. 내 인생의 결론으로, 내 목회의 결론으로, 하나님께 감동을 끼치는 교회를 꿈꾸고 있었다.

그래서 10여 가정이 모인 자리에서 이런 이야기를 하며 우리 교회의 목표를 세우고 실천하자고 했다. 다들 내 의견에 찬성했고, 다음 주일까지 각 가정마다 10개항 목표를 적어오라고 숙제를 냈다. 그 뒤 각 사람이 발표하고 마지막 토론을 거쳐 공동으로 10개항을 추린 후 최종적으로 7개항을 완성했다. 이것이 중부명성교회 7대 실천 지침이 된 것이다. 이 7대 지침을 모든 성도가 다 기쁘게 받았고, 앞으로 매주 주보 전면에 인쇄하기로 했다. 모든 성도가 교회 목표를 잊지 않기 위해서이고, 또 하나는 새 성도에게 자연스럽게 선전하며 교육하기 위해서였다. 이것이 24년을 계속 이어오는 교회의 전통이 되었다.

1. 성령보다 기도보다 앞서지 않는다.
2. 선교 지향적인 교회로 학원 선교, 농어촌 선교, 북방 선교, 세계 선교에 역점을 둔다.
3. 청주 성시화 운동에 지역 모든 교회와 함께 주력한다.
4. 교회 재정의 65% 이상을 선교와 구제 교육에 사용한다.
5. 개혁 지향적인 목회 현장을 조성하며 협력목회, 이웃교회를 섬기는 목회 모델을 만들어간다.
6. 모든 성도들은 신앙의 생활화, 문화화, 형제화, 순장화를 이루는데 목표점을 둔다.
7. 성도들은 교회의 모든 사역과 집회에 주인 의식을 가지고 참여하며 교회의 모든 기관은 선교체제로 조직, 운영한다.

[중부명성교회 7대 실천 지침]

## 법을 바꾼 통곡의 기도

교회당 부지가 생기자 개척 교회의 부흥 속도가 앞당겨지는 것 같았다. 50~60명 정도가 매 주일에 모여 힘차게 예배드리며 은혜를 받았다. 교회에서 전 교우가 식사하면서 형제

애도 깊어져 갔다. 주중 금요일 밤에는 전 교우들의 기도가 뜨거웠다.

"우리에게 교회 부흥과 자체 예배당을 주세요!"

우리 교우 모두의 첫 번째 기도제목이었다. 주일 오후 예배 후에는 분평동 교회 부지인 논두렁에 서서 기도 하기도 했다.

그런데 문제가 생겼다. 예배당 건축 허가 문제를 놓고 시청 직원과 의논했는데 절대 안 된다는 것이다. 이유는 그 땅이 정부 예산으로 만든 계획농경지이기 때문에 허물수가 없다고 했다. 우리가 계속 간청을 해대니 시청 직원이 건축 법령집을 보여 주며 오히려 우리를 설득했다. 우리 눈에도 '불가함'이라 적힌 부분이 눈에 띄었다.

이게 무슨 날벼락 같은 상황인가! 기적 같은 일로 부지를 마련했는데 이제 우리 교회는 예배당을 지을 수 없게 된 것이다. 참으로 난처한 상황이었다. 그 땅을 팔고 다른 땅을 찾자니 시간과 재정에 손실이 클 것이고, 명성교회에 또 재정을 추가 요청하기도 난감한 일이었다. 이 땅을 찾아 구입하기까지 무려 3달 정도 걸렸는데 또 얼마 동안을 찾아야할지, 모든 것이 혼란스러운 상황이었다. 급기야 우리 교인들과 관계있는 모든 시청 지인들을 찾아 도움을 요청했다. 시청의 건축부서 직원들, 부시장, 시장, 시의원, 도의장, 도지사, 서울 건설부 간부 등까지 댈 수 있는 모든 인맥을 총 동원해 찾아다니며 호소해 보았다. 그러나 전혀 효과가 없었다. 당시 건축법 시행령으로 꽉 막힌 것이다.

세상의 방법으로는 더는 어찌할 수 없었다. 이제 우리가 할 수 있는 것은 오로지 하나님께 기도하는 것뿐이었다. 히스기야 왕의 간절한 간청 기도밖에는 답이 없었다.

그 때에 히스기야가 병들어 죽게 되매 아모스의 아들 선지자 이사야가 그에게 나아와서 그에게 이르되 여호와의 말씀이 너는 집을 정리하라 네가 죽고 살지 못하리라 하셨나이다 히스기야가 낯을 벽으로 향하고 여호와께 기도하여 이르되 여호와여 구하오니 내가 진실과 전심으로 주 앞에 행하며 주께서 보시기에 선하게 행한 것을 기억하옵소서 하고 히스기야가 심히 통곡하더라 (왕하 20:1-3)

히스기야는 나라의 위기 앞에 목숨을 걸고 기도하여 하나님의 구원을 이끌어낸 왕이다. 그리고 사망선고를 받자 면벽기도를 통해 생명을 연장 받은 기도의 용장이었다. 무엇보다 그의 기도에는 간절함과 진실함이 있었다. 성경은 히스기야가 통곡하며 기도했고, 하나님께서 그 통곡하심을 보았다고 말하고 있다. 이런 통곡의 간절함이 결국 생명까지 연장하게 되는 놀라운 역사를 가져왔던 것이다.

우리가 교회 건축을 법으로 거절당한 상황이 마치 이와 같왔다. 너무도 절망적이어서 통곡의 기도가 나올 수 밖에 없었다. 이에 온 성도가 엎드려 간절히 기도하기 시작했다. 6개월을 전심으로 기도하고 또 기도했다.

그런데 놀랍게도 엄청난 일이 벌어졌다. 이게 웬일인가! 시청 직원의 말이 그동안 법이 바뀌어 건축할 수 있는 희망이 있다는 것이다. 할렐루야!

95년 2월, 시청에 건축 허가 청원을 했다. 단면 150평 정도의 3층 예배당을 설계해서 제출했다. 설계가 확정되기 전에 비용과 건축 방법을 찾는 성도들의 토론이 길었다. 선교하는 교회니까 가건물 형식으로 빨리 짓자는 의견과 가건물은 싸게 빨리 지을 수는 있으나 여름에 무덥고 겨울에 춥기 때문에 벽돌과 콘크리트로 완전하게 짓자는 의견이 맞섰다. 그 뒤 3월 18일, 시청으로부터 허가서를 받게 되었다. 역사적인 사건이 일어난 것이다.

하나님께서 히스기야 왕의 간구를 들으시고 뜻을 돌이키셔서 15년의 생명을 연장해주신 것과 똑같은 상황이 되었다. 우리 교회의 출발점에서 먼저 기도훈련을 고되게 시키신 것이다. 앞으로 교회를 세워가는 데 무슨 문제가 생기더라도 우리가 할 수 있는 최선은 바로 '기도'뿐임을 확실히 각인시켜 주신 사건이었다.

## 은혜에 은혜를 더하사

건축 허가서를 받고 거의 1년 동안 70여 명의 성도들이 건축비 10억 정도의 목표액을 정해 놓고 계속 기도했다. 목표액의 50% 정도가 작정된 96년 3월, 드디어 기공 예배를 드리게 되었다. 이대승 장로님이 건축 위원장을 맡았고, 권오대 장로님이 총무를 맡았다. 나머지 성도들은 공사기간 날씨와 무사고를 위해 겸손히 엎드려 기도했다. 몇 번의 기도응답 체험을 통해 기도에 자신감이 붙은 상태였다.

3월 16일 아침 10시, 온 성도들이 기뻐하며 현장에 모였다. 날씨는 온화하며 화창했다. 현장에 둘러서서 정성껏 예배를 드렸고, 교회 대표들의 시삽식이 있었다. 예배를 마치고 간단한 다과까지 나누었다. 그 뒤 매일매일 현장을 찾아와 진척 사항을 바라보며 감사하는 성도들이 많아졌다. 하나님의 집이 올라가는 모습을 바라보며 얼마나 좋아하던지 나도 자연히 입이 열리고 할렐루야! 찬양이 터져 나왔다. 준비한 재정으로 2번의 건축 대금을 지불했다.

그 후 큰 걱정거리가 생겼다. 추석을 맞아 또 건축비를 지불해야 되는데 모아진 재정이 턱없이 모자랐다. 결국 누군가에게 빌려야 할 상황이 된 것이다. 이런 상황을 건축 위원들과 나누고 기도했지만 이번에는 좀처럼 해결되지 않았다. 마지막으로 할 수 있는 것은 내가 직접 서울 명성교회 김 목사님을 만나 부탁을 하는 것뿐이었다.

금요일 아침 일찍 청주를 출발해서 서울 명성교회에 도착했다. 당회실을 찾아 들어갔다. 그런데 이게 웬일인가! 나보다 먼저 도착한 면담 신청자가 앉아있는데 줄이 꽤 길었다. 할 수 없이 나도 그 뒤에 앉아 차례를 기다렸다. 10시 30분이 되자 구역사역자 집회를 위해 김 목사님께서 들어오셨지만 나는 순서상 뒷부분이기 때문에 도저히 못 만날 것 같았다. 그런데 또 놀라운 일이 생겼다. 김 목사님께서 당회실로 들어오시다가 나를 보더니 나만 찍어서 방으로 들어오라는 것이다. 순서를 무시하고 입장하는 순간 다른 사람들의 눈치가 보였지만 한편으로 너무 감사했다.

시간이 없었기에 간단하게 그간의 건축 경과보고와 재정 부족 상태를 이야기했다. 가만히 듣더니 금방 이해를 하시고 아래 사무실로 전화를 걸어 5천만 원을 속히 보내라고 해주셨다. 이렇게 빨리 우리의 문제를 풀어주실 줄은 몰랐다. 우리 교회에게는 큰 난제가 김 목사님에게는 작은 문제로 취급된 것을 보면서 하나님에겐 얼마나 더 작은 문제일까 생각해보았다.

'아, 이런 것이 은혜구나!'

다시 한 번 깨닫는 시간이었다. 그래서 우리가 죄인 되어

헤매고 있을 때 주님이 먼저 나를 부르시고 이어 구원을 선물로 주셨기에 우리가 그 은혜를 가장 큰 구원의 은혜라 하지 않던가! 하나님께서 우리 중부명성교회를 붙잡고 사랑하시며 축복하신다는 생각에 충만한 행복을 느꼈다.

> 그런즉 이 일에 대하여 우리가 무슨 말 하리요 만일 하나님이 우리를 위하시면 누가 우리를 대적하리요 자기 아들을 아끼지 아니하시고 우리 모든 사람을 위하여 내주신 이가 어찌 그 아들과 함께 모든 것을 우리에게 주시지 아니하겠느냐 (롬 8:31-32)

우리 교회는 그렇게 또 한 번의 기적을 체험했다. 그날 청주로 돌아오는 발걸음이 얼마나 가벼웠는지 모른다. 마치 천군천사가 준비한 손가마를 타고 돌아오는 기분이었다.

## 주님이 사랑하는 교회와 성도

96년 12월 22일 주일, 성탄절을 3일 앞두고 입당 예배를 드렸다. 3월 16일에 기공 예배를 드린 지 만 9개월 만에 건축공사가 끝난 것이다. 온 성도들이 무사고와 건축기간 단축을 놓고 목적기도를 드렸는데 하나님께서 응답해주셨다. 지나간 9

개월을 돌이켜보니 비가 와서 공사가 중단된 날이 하루도 없었고, 인부 중 단 한 사람도 다친 사람이 없었다. 하나님께서 불꽃같은 눈으로 지켜주신 것이다.

개척 2년 만에 3층 예배당이 하늘에서 뚝 떨어진 것 같았다. 100여 명의 식구가 아주 넓은 예배당에서 예배를 드리고, 교육하고, 친교를 했다. 그땐 예배당이 너무 크다고 생각하며 언제 채우나 걱정했는데 몇 년이 지나니 300~400명이 또 금방 채워졌다. 감사하게도 하나님께서 급성장을 이루어신 것이다.

새 성전에 입주하면서부터 더욱 힘썼던 일이 몇 가지 있다. 94년 창립예배 후 남녀 선교회와 청년회 조직을 마쳤는데, 이 자치기관들이 성전건축을 하는 동안 열심히 봉사하도록  했다. 그 뒤 '모든 기관은 선교체제로 조직 운영한다.'는 교회 실천지침에 따라 자치적으로 선교에 힘쓰도록 지도했다.

교회란 무엇인가? 먼저 물리적 건물을 교회라 할 수 있다. 그다음은 부름 받은 성도들의 모임이 교회이다. 우리 교회가 아름다운 벽돌 예배당에 취해 물리적 예배당만을 자랑하는 교회가 되어선 안 된다고 생각했다. 그 안에 보이지 않는, 성도들이 건강하게 세워진 교회를 만들고 싶었다. 주님에겐 건물이 절대 우선이 아니다. 그분은 성도들의 신앙과 인격을 기뻐하신다. 그런 교회가 주님 오실 때까지 영원히 존재하는 교회가 될 것이라는 신념을 가졌다.

새 성전에 입당하면서 성도의 신앙성장을 위한 교회운영 프로그램을 만들게 되었다. 우선 96년 1월부터 전 교우가 묵상시간을 갖도록 정했다. 기존 교회들은 성경읽기만 하곤 하는데 우리 교회는 내 목회 방침대로 Q.T Quiet Time, 경건의 시간를 해야 했다. Q.T는 혼자서 성경을 읽고, 그 본문 안에서 은혜의 하나님과 내게 주시는 교훈을 찾아 기록하고 적용하며 간증하는 좋은 신앙습관이다. 그야말로 영적 사막에서 살아남는 방법을 지도해준다. 이 성경묵상이 우리 교회의 전통이 되었고, 개인적인 평가지만 성경묵상을 통해 교회 신앙이 크게 성장했다고 생각한다. 먼저는 하나님의 음성듣기가 익숙하게 되었고, 둘째는 들려주신 하나님의 말씀을 실천하는, 행함이 있는 신앙생활로의 발전이 있었다.

새벽 예배 시간에 담임목사의 묵상 발표가 있고, 그 뒤 개인적으로 시간을 내어 묵상을 하는 방식으로 진행되었다. 이는 교회, 직장, 가정 등 자기만의 묵상 장소와 시간을 정해야 성공할 수 있었다. 그러기에 성경책과 묵상책을 매일 지참해야 했다. 금요일은 구역 예배를 Q.T시간으로 대체했는데, 돌아가며 발표하는 시간이 너무 재미있어서 열심히 모이기 시작했다. 남선교회와 여선교회, 청년회가 매달 한 번 월례회로 모일 때도 무조건 Q.T부터 시작했다. 지금까지도 잘 했지만 앞으로도 좋은 전통을 계속 이어가야 할 것이다. 생각해보면 Q.T는 예수님도 매일 시행한 일이 아닌가?

> 새벽 아직도 밝기 전에 예수께서 일어나 나가 한적한 곳으로 가사 거기서 기도하시더니 (막 1:35)

하나님의 음성을 들으며 하루 일과를 짜고 힘을 얻는 시간이 바로 Q.T이다. 예수님처럼 매일 조용한 시간에 하나님을 깊이 만나고, 말씀을 통해 내 삶의 변화와 성숙을 이루는 경건 훈련이 바로 Q.T이다. 정신없이 분주한 오늘을 살아가는 우리에게 무엇보다 필요한 신앙의 습관이 바로 Q.T가 아닐까.

## 교회를 부흥케 하소서

95년 5월 14일부터 새가족반을 설립해 운영했다. 기존의 단순한 6주 성경공부에서 벗어나 신입 교우가 스스로 사랑을 받았다고 느낄 수 있도록 친교를 곁들게 했다. 그래서 새 교우가 등록을 하면 바로 그 자리에서 바나바(97년 6월 29일 훈련 시작)를 한 사람씩 붙여 주어 안내 및 교제사역을 하게하고, 그 뒤 새가족반으로 인도케 했다. 새가족반에서는 교사 6명이 기초 성경공부와 우리 교회 소개, 그리고 Q.T방법 등을 나누도록 했다. 그런 이유로 초신자를 포함해 전입한 새가족 전체를 대상으로 했다. 교역자가 부임해도, 장로님이 전입해도, 새가족반 공부를 필수적으로 하게했다. 6주 과정 공부를 모두 마치면 특별한 시간을 가졌다. 공부를 수료한 주 토요일 밤 목사관에서 수료생 모두를 환영하는 식사 모임을 가진 것이다.

목사관에서 식사를 했던 이유가 있다. 요즘 중대형 교회는 담임목사와 새가족이 개인적인 만남을 갖기가 쉽지 않다. 그래서 우리 교회는 처음부터 이런 문제를 해소하기 위해 그런 자리를 만들었다. 담임목사와 한 상에서 식사한 것은 성도들의 머리에 오래도록 남는다. 그래서인지 교회에 정착하는 성도가 많아졌다. 또 하나의 이유는 목사관은 언제나 베일에 가려있다고 생각하는 새가족들에게 목사관 내부 살림살이를 공개하고 싶은 마음에서였다.

'아! 목사님도 우리와 똑같이 살고 있구나.'

목사관에 방문한 성도들 모두 이런 생각을 하며 좋아했다. 교회마다 새가족 정착률을 높이려 애를 쓰는데, 우리는 목사관의 저녁 식사로 큰 효과를 보게 되었다. 처음에는 우리 가정에서 전체 음식을 준비하다가 너무 사모의 부담이 크다 하여 교회 여전도회에서 순번을 정해 밥을 뺀 전체 반찬을 준비하는 방식으로 진행했다.

교회 부흥에 기여한 또 하나의 목회 강조점은 예배 시 찬양을 많이 부르는 것이었다. 성경에도 하나님은 찬양의 제사를 기쁘게 받으신다고 되어있다.

> 이것이 소 곧 뿔과 굽이 있는 황소를 드림보다 여호와를 더욱 기쁘시게 함이 될 것이라 (시 69:31)

교회들이 주일 오후 예배를 찬양 예배라 부르지만, 특별한 찬양이 없이 보통의 예배처럼 드리는 것이 안타까웠다. 그래서 96년 9월, 교회 안에 '밝은 소리 찬양단'을 만들었다. 주일 오후 2시부터 30분간 찬양단의 인도로 전 교우가 찬양으로 하나님께 영광을 돌렸다. 매시간 황소(500만원)값으로 제사를 드리는 것이라 지도했다.

2001년 첫 안식년으로 예수전도단 D.T.S<sup>Discipleship Training School, 제자훈련학교</sup>를 받기위해 스위스와 미국에서 시간을 보냈다. 그동안 미국에 있는 한인교회들을 방문하며 예배를 드렸는데, 오후 예배뿐만 아니라 주일 오전 예배에도 찬양시간이 배정되어 은혜롭게 진행되는 것을 배웠다.

곧장 교회에 돌아와 예배 순서를 개혁했다. 찬양을 넣고 교독문을 뺐다. 처음에 사도신경을 고백하고, 이어 15분 찬양시간을 갖게 했더니 주일 오전 예배가 더욱 은혜롭게 드려졌다. 주일 오후 예배와 수요기도회에서 성령의 감동을 받으신 분들의 간증과 특별 찬송이 이어졌다. 찬양이 넘치니 모든 예배 위에 성령의 임재가 충만하고, 특별한 은혜가 넘치기 시작했다.

## 거듭남의 은혜

나는 대학생시절 C.C.C에서 훈련을 받고, 군 제대 후 간사로 사역을 감당했기 때문에 자타가 인정하는 C.C.C맨이다. 그러기에 C.C.C총재셨던 김준곤 목사님의 정신을 많이 받았다. 이 단체에서 훈련을 받은 모든 형제가 그렇게 된 것처럼 내게도 '민족 복음화' 정신이 흠뻑 배어 있었다. 우리 모두는 '이 민족위에 그리스도의 계절이 오게 하자!', '평생 순장으로 예수의 제자를 만들어라!' 등을 지금도 기도하며 실천하고 있다. 그래서 우리 교회의 7대 실천지침에도 C.C.C의 복음화 정신이 많이 들어갔다. 선교, 개혁, 실천 정신을 실현시킬 7가지 목표가 영향을 받은 것이다. 특히 C.C.C용어도 사용되었는데 '형제화', '순장화' 등이 그것이다. 내 신앙과 목회에는 박종렬 목사님과 김준곤 목사님 그리고 로렌 커닝햄 목사님의 정신이 섞여있지 않나 생각한다.

초기 우리 교회에 YWAM<sup>Youth With A Mission, 예수전도단</sup> 훈련을 받은 친구들이 몇 명 들어와 신앙생활을 했다. 특히 청주 교원대학을 졸업한 오숙영 자매가 있었다. 현재는 결혼해서 남편과 함께 태국에서 선교사 사역을 잘 감당하고 있다. 이 자매를 보면서 몇 가지 신앙적인 도전을 받았다.

오 자매는 사도바울처럼 행복한 가정의 일원으로, 좋은 대학을 졸업했고, 안정된 직장을 가질 수 있었다. 그런데 다 버리고 가난한 YWAM간사로 힘들게 사역을 하고 있다. 나도 과거에 집을 나와서 어렵게 신앙생활을 한 경험이 있지만, 그 자매를 보며 내 마음에 새 정신이 새겨지는 은혜가 있었다. 우리가 주님을 사랑할 때 부모도 형제도 우선순위에서 밀릴 수 있다는 생각이 깨어난 것이다. 그녀를 감동시키고, 그 감동대로 살게 해준 그 선교단체가 궁금해졌다.

그 때 마침 YWAM하와이지부에서 세계 한인목회자 세미나가 열린다는 소식을 오 자매를 통해 접했다. 우리 부부는 그 소식을 듣고 신청한 후 참석했다. 짧은 2주간이지만 세계적인 유명 강사들의 강의를 들으며 큰 은혜에 빠져 많이도 울었다. 얼마나 큰 감동이 왔는지! 다음에는 6개월이 소요된다는 D.T.S과정을 꼭 받고 싶어졌다.

2001년, 첫 안식년 휴가를 계획하다가 스위스에서 열리는 D.T.S에 신청을 했다. 기일을 맞추어 여러 가지를 준비해서 달려갔는데 예정했던 D.T.S가 인원 미달로 취소되었다고 했다. 아쉬워하고 있는데 하나님께서 내 간절함을 아셨던지 현지 직원을 통해 밴쿠버에서 열리는 D.T.S로 연결시켜 주었다. 감사하게도 밴쿠버에서 3달 동안 40여 명의 지원자가 합숙하며 시간시간 은혜의 강물에 깊이 젖어들었다.

오래된 자동차에 새 생명을 부여하는 작업이 있다. 자동차 엔진 내부를 매끈하게 다듬는 방법으로 일명 '보링boring'이라고들 한다. 보링을 하면 낡은 차도 새 차같이 잘나간다. 그래서 사람들은 보링을 통해 자동차를 정비하곤 한다. 나도 영적으로 보링이 필요했다. 그래서 하나님께서 나를 직접 보링해 주시길 바라는 마음으로 훈련을 받았다. 훈련의 효과는 놀라웠다. 22년 목회생활 전반기를 마치고, 완전히 새 성도가 된 느낌이었다.

> 그러므로 형제들아 내가 하나님의 모든 자비하심으로 너희를 권하노니 너희 몸을 하나님이 기뻐하시는 거룩한 산 제물로 드리라 이는 너희가 드릴 영적 예배니라 너희는 이 세대를 본받지 말고 오직 마음을 새롭게 함으로 변화를 받아 하나님의 선하시고 기뻐하시고 온전하신 뜻이 무엇인지 분별하도록 하라 (롬 12:1-2)

마음을 새롭게 하고 싶었는데 그것이 YWAM의 훈련을 통해 이루어진 것이다. 그 뒤 나는 다시 주님 앞에 겸손히 나아갈 수 있었다. 순전한 예수님의 정신을 다시 회복할 수 있었다. 은혜가 필요한 때에 특별한 은혜를 부어주신 하나님께 감사드릴 뿐이다.

## 딸 진실이의 고통스러운 한국생활

94년 귀국 당시, 딸 진실이는 미국에서 중학교 1학년 과정을 배우고 있었다. 초등학교 시절과 마찬가지로 모든 과목을 열심히 공부했다. 그러던 중 우리 가정이 다시 한국으로 이사를 가야한다는 소식을 듣게 된 것이다. 그때는 너무 어려서 한국에 적응하는 일이 얼마나 어려운지 몰랐던 것 같다. 진실이는 아무런 이의 없이 쉽게 따라나섰다.

 94년 봄 학기에 청주 창신초등학교 6학년으로 전학 수속을 마쳤다. 이때부터 진실이에게 밤이 찾아왔다. 한국말을 모르니 공부가 힘들었고, 시험을 보면 성적도 매우 저조했다. 집에서의 소통은 한국말로 했는데, 학교에서 가르치는 국어와 사회, 역사, 도덕 등은 이해를 못하는 것 같았다. 그러니 시험 성적이 너무 떨어졌다. 미국에서 우등생으로 잘나가던 딸에겐 견디기 힘든 일이었다. 나와 아내는 성적은 관심에 두지 말라 권면하고 위로했지만 전혀 소용없었다. 선생님도 전입 초기에 이런 진실이의 고통을 오해해서 교만한 학생으로 생각했으니 고통은 배로 늘어간 것 같다. 진실이는 집에만 오면 울어댔다.

"엄마, 왜 나를 한국으로 데려왔어? 내가 얼마나 불행한지 알아? 내 꿈은 다 깨졌잖아. 나는 앞으로 어떻게 살아?"

한마디, 한마디가 모두 원망의 울부짖음이었다. 아내도 나도 가슴이 아팠지만 별수가 없었다. 중학교 1학년이면 한국의 부자들은 자녀를 조기유학을 보내는 때인데, 나는 도리어 미국에서 공부 잘하는 딸을 도로 한국으로 데려왔으니 어리석은 행동을 한 것 같아 후회가 되기도 했다.

우여곡절 끝에 간신히 초등학교를 졸업하고, 청주 여중으로 진학했다. 초등학교만 졸업하고 중학교에 가면 좀 나아지겠지 기대했는데 더 힘들어졌다. 진실이에게 사춘기가 온 것이다. 공부에 전혀 취미를 갖지 못하고, 형식적으로만 학교를 다니는 듯 했다. 하지만 진실이를 원망할 수는 없었다.

98년 2월, 진실이가 중학교를 졸업했다. 졸업식 후 잠시 방학을 맞아 미국에 놀러 간다고 해서 허락했다. 혼자 떠난 진실이는 뉴욕을 거친 뒤 LA에 잘 도착했다는 소식을 전했다.

며칠 뒤 LA에 살고 있는 조카에게서 국제 전화가 왔다. 진실이가 혼자 인근 고등학교에 가서 교장과 입학 상담을 하고 허락을 받아 거기서 진학을 하겠다고 했다는 것이다. 우리 내외는 놀랄 수밖에 없었다. 아이가 얼마나 힘들었으면 그런 결정을 했을까. 힘들어했던 진실이의 마음을 알기에 임시로 허락을 했다. 그리고 진실이는 어느 한인 가정에 하숙을 하며 학교를 다니기 시작했다.

한 한기가 지났다. 아내는 마음이 놓이지 않았던지 미국으로 가서 진실이를 데려왔다. 조건은 대전에 있는 국제학교에 넣어주겠다는 것이었다. 다행히 그간 교회가 성장해서 진실이의 국제학교 학비를 감당해주었다. 청주에서 대전까지 통학 버스가 있어서 등하교도 편히 할 수 있었다. 국제학교 3년 과정동안 언어문제는 해결되었는데, 미국에서 열심히 공부하던 옛 모습은 좀처럼 살아나지 않았다. 그래도 많이 노력하지 않은 것 같았는데 졸업식장에서 영광스럽게도 졸업생 대표 연설을 담당했다.

여기까지 부모의 마음을 얼마나 졸이게 했는지! 이제부터 대학은 자유롭게 해주고 싶었다. 미국이든 한국이든 선택권을 주었다. 먼저 미국 5개 대학에 S.A.T<sup>Scholastic Aptitude Test, 대학입학 자격시험</sup>성적을 보냈는데 다 합격했다. 그 중 하나만 택하면 입학이 되는데, 진실이의 마음이 순간 바뀌었다. 대학공부를 한국에서 하겠다는 것이다. 그렇게 하려면 고등학교 졸업 검정고시를 합격해야 하는데도 말이다. 결국 한국 교과서를 모두 준비해 독학을 하더니 1차에 한국 역사만 빼고 전 과목을 합격했다. 그 뒤 2차에 한국 역사마저 합격했고, 드디어 한동대학교 국제법학과에 진학했다.

2001년 우리가 안식년을 맞아 외국에 있는 동안 진실이는 혼자서 공부해 대학을 가게 됐다. 요즘 엄마들은 이해가 안 될 것이다. 어떻게 수험생을 두고 안식년을 가느냐고 말이다. 그러나 우리 마음은 이미 하나님께 모든 것을 맡겼기 때문에 쉽게 그럴 수 있었다. 교인들 다수가 우리 가정을 부러워했지만, 모든 것은 하나님의 은혜였다. 성경대로 울며 씨를 뿌렸는데 좋은 열매를 맺게 된 것이다.

> 눈물을 흘리며 씨를 뿌리는 자는 기쁨으로 거두리로다 울며 씨를 뿌리러 나가는 자는 반드시 기쁨으로 그 곡식 단을 가지고 돌아오리로다
> (시 126:5-6)

하나님께도 감사드렸지만 딸 진실이에게도 깊이 고마운 마음을 전한다. 어려운 상황에서 잘 견뎌준 것을 말이다. 사실 알고 보면 우리 자녀들은 본디 하나님의 자녀이다. 우리는 잠시 이 세상에서 보호자로 그 아이를 지켜주는 것뿐이다. 우리보다 더 나은 부모인 하나님께서 어련히 자기 자녀들의 앞날을 책임지시지 않겠는가. 자녀를 믿음으로 맡기면 더 크고

좋은 길로 인도하시는 분이 바로 우리 하나님이시다.

## 미전도 종족에게 주의 복음을

미국에서 목회할 당시 선교에 게을리 했던 것을 깊이 회개했던 적이 있다. 그래서 한국으로 다시 돌아오는 순간부터 늘 선교에 관심을 갖고, 교회 재정의 65% 이상을 선교활동에 바친다는 결의도 했다.

그러던 중 세계선교협의회에서 발표한 내용을 보게 됐다. 전 세계 미전도 종족을 선교하는 것이 무엇보다 시급한 일인데, 교회가 전략적으로 몇 종족씩을 입양해서 적극적으로 선교해야 한다는 것이다. 복음을 들어보지 못함 섬, 고산 지역의 종족이 아직도 8천 종족이나 된다면서 말이다. 이 소식을 듣자마자 회의를 통해 미전도 종족 선교운동을 펼치기로 결정했다.

먼저 2000년 9월 16일, '미전도 선교 정탐 훈련원'을 교회 안에 개설했다. 그간 서울 선교본부에서 12주 훈련을 받을 지원자를 모집해 매주 토요일에 다녀왔던 차였다. 그런 와중에 교회 안에 훈련원을 두어 더 많은 사람이 참여하도록 한 것이다. 서울 강사들이 역으로 우리 교회에 매주 토요일마다 한 분씩 내려와 강의와 토론을 하게 했다. 물론 훨씬 많은 성도가 참여하게 되었다.

첫 번째 미전도 종족 입양은 D종족으로 결정됐다. 2000년 10월 1일, 서울 미전도 종족 입양 본부의 한정국 선교사님을 모시고 설교를 들은 후 예식을 진행했다. 당시는 한국 교회에서 미전도 종족을 입양한 교회 수가 극히 적을 때였다. 시작과도 다름없는 상황이었으니 선교사님으로부터 많은 격려와 칭찬을 받았다. 처음이기 때문에 설레임도 있었지만 솔직히 두려움도 컸다. 한 발자국씩 조심조심 진행했다.

입양식에 앞서 입양지를 정탐해야 했다. 나는 처음으로 D족을 찾아갔다. 넓은 중국 땅도 일생에 단 한 번밖에 가지 않았는데, 하얼빈을 거쳐 시골로 5시간이나 들어가는 곳이었다. 무슨 두려움인지는 모르나 상당히 많이 떨었다.

나의 동행자는 J선교사였다. J선교사는 한정국 선교사가 추천한 분으로 일생을 중국 내 미전도 종족 선교에 힘을 쏟고 있는 분이었다. 그분과 하얼빈 공항에서 만나서 정탐 일정을 함께하기로 약속했다. 저녁 6시 정도에 내가 먼저 도착했고, 그분은 1시간 안에 도착할 것이라는 연락을 미리 받았다. 그런데 이게 웬일인가. 1시간, 아니 2시간을 기다려도 나타나지 않는 것이 아닌가! 1시간을 더 기다렸지만 결국 나타나질 않았다. 공항의 불이 하나씩 꺼지기 시작했다. 전기가 모자랐든지 절약을 위해 그리했는지는 모르겠지만, 컴컴한 공항에서 혼자 앉아 있기가 무섭고 떨렸다. J선교사가 오면 함께 먹을 요량으로 저녁까지 굶었더니 배에서는 연신 꼬로록 소리가 요란하게 울렸다.

할 수 없이 공항 대합실 문을 열고 밖으로 나와 사방을 살폈다. 우선 주린 배를 채워야겠다 싶었다. 간단한 식사를 할 곳이 있는지 둘러보니 100미터 정도의 거리에 있는 공항구내 식당에 불이 켜져 있었다. 할렐루야! 얼마나 반가웠는지 모른다. 그런데 식당에 들어가니 이번엔 말이 통하지 않아 고생을 했다. 나는 영어로 주문을 하는데 직원은 전혀 알아듣질 못했다. 한참 실랑이를 벌이다가 치킨을 시켰더니 고개를 끄떡거려서 통했나 싶었다. 그런데 한참 뒤에 가지고 온 음식은 치킨이 아니고 생선이었다. 그것도 도저히 못 먹을 정도로 짠 생선이었다. 말이 통하지 않으니 원망도 불평도 소용없었다. 생선은 제쳐놓고 간신히 밥만 몇 수저 먹고 일어났다.

다시 공항 대합실로 들어가 2시간을 기다렸다. 불이 아까보다 더 꺼져 그야말로 암흑천지였다. 선교를 준비하며 북한과 C국에 대해 배울 때 겁나는 이야기를 얼마나 많이 들었던지, 납치를 포함한 모든 고난이 연상되었다. 중국 여행 경험조차 없는 나에게는 정말 고통의 시간이었다.

그런데 자정이 다되어 비행기 1대가 도착했고, 드디어 기다리던 J선교사를 만날 수 있었다. 그날따라 비행기 출발시간이 지연되어 늦었다는 것이다. 기다렸던 사람을 만나니 내 마음이 안정을 찾았다. 택시를 타고 여관을 찾아 하룻밤을 보냈다. 한밤중엔 때론 사람이 무섭기도 하지만, 때론 사람이 마음에 평안을 준다는 생각이 든 밤이었다.

> 혹시 그들이 넘어지면 하나가 그 동무를 붙들어 일으키려니와 홀로 있어 넘어지고 붙들어 일으킬 자가 없는 자에게는 화가 있으리라 (전 4:10)

이튿날 기차로 이동해서 D족 12만 명중 먼저 믿은 친구 4명과 조선족 H전도사를 만나 많은 대화를 나누었다. 그 결과를 교회에 돌아와 보고하고 입양식을 갖게 된 것이다.

## 미전도 종족 10개 입양 목표를 위해

2000년 말, 1차 D족 선교를 시작한 이래로 2017년까지 18년 동안 여러 가지 우여곡절이 많았다. 그 지역이 동북아시아 국가에서도 완전한 변방이었고, 여행 자제구역이라 여러 가지로 힘들 수밖에 없었다. 가능한 한 노출되지 않으려 조심하며 다녔다.

조심했지만 위험은 늘 도사리고 있었다. 한 번은 의료 선교를 갔다가 현지 공안에게 발각되어 도망쳐 나온 일이 있다. 흰 눈이 쌓여있었던 2월이었는데 자동차 길도 아닌 논두렁 밭두렁을 달려 20리 길을 도망쳐 나왔다. 막 진료를 시작하려는 순간에 O형제의 주택에 공안과 의료 당국자들이 합동으로 몰려왔기 때문이다. 그곳에는 한국에서 같이 떠났던 의사 3명과 현지에서 합류한 C국 의사 2명 외에 도우미들이 남아 있었는데, 공안들을 만나 취조를 당하기까지 했다. 다행히 순수한 의료 행위라 판명되어 약품과 의료 도구만 압수당하고 풀려났다. 만약 나와 J선교사가 현장에 있었다면, 모두 체포되어 큰 화를 면치 못했을 것이다. 그래서 뒤를 바라볼 겨를도 없이 도망친 것이다. 사도바울이 당한 여러 위험 중 한 가지를 체험한 사건이었다.

그렇다고 선교에 대한 열정을 꺾을 수는 없었다. 처음부터 우리 교회는 선교 방향을 미전도 종족 선교에 우선하기로 했으니 두 번째 입양식도 추진했다.

이번엔 자유롭게 여행할 수 있는 나라인 인도네시아의 '순다족'을 입양했다. 순다족은 4천만 명이나 되는 거대한 종족이다. 입양식 전에 현지 상황을 보기위해 먼저 나와 권오대 장로, 이천중 집사가 동행해서 정탐을 다녀왔다. YWAM선교사가 첫 안내를 해 주었다. 순다족이 집중해서 살고 있는 반

둥지역을 땅 밟기하며 간절히 기도드렸다. 예수를 모르는 종족을 만날수록 뜨거운 마음이 생겼고, 교회로 돌아와 보고한 후 2003년 2월 16일, 제2차 미전도 종족 입양식을 거행했다. 그 뒤 교인들의 정탐이 몇 년 동안 수차례 이어졌고, 드디어 2010년 청년부를 섬겼던 이진현 선교사를 순다족 선교를 위해 파송하게 되었다.

선교사 파송은 1차로 2001년 3월 15일에 김진영 부목사를 C국 선교사로 파송했고, 2차로 2010년 8월 12일에 이진현 선교사를 인도네시아로, 3차로 2012년 1월 8일에 변영수 선교사를 방글라데시에 파송하고, 4차로 2014년 12월 21일에 일본으로 김종탁 선교사를 파송했다.

그 외에 1년 단기로 청년들을 선교지에 파송하는 '단기 선교사 제도'를 만들었다. 실제로 청년들이 인도네시아에 1년씩 단기 선교사로 파송되어 그 지역을 섬기고 오기도 했다. 최근 몇 년은 의료선교와 지역사회 개발선교팀이 매년 순다족을 섬기고 있다. 현지에 가있는 선교사로부터 여러 명의 개종자들이 생기고 있다는 소식을 들을 때마다 얼마나 감사한지 모르겠다.

세 번째 종족은 태국의 '몬족'이다. 몬족은 지독한 불교신자들이다. 태국 방콕에서 남서쪽으로 2~3시간을 달려가면 미얀마 국경 쪽으로 집단을 이루어 살고 있다. 이천중 장로님을 중심으로 정탐을 다녀왔고, 나도 오세관 선교사의 안내로 정탐을 했다. 1885년엔 우리나라도 불교국가였지만, 지금은 기독교 국가가 되어있지 않은가! 이 희망을 품고 마음을 결정한 후 제3차 입양식을 2014년 4월 27일에 거행했다. 이듬해인 2015년 4월 15일엔 태국 몬족을 위해 미리 파송청원을 한 이영로 목사님과 서선희 권사님을 태국으로 파송했다. 이 선교사 내외분은 은퇴 후 늦게 신학을 공부하던 중 1년 휴학을 하고 남아공에서 선교훈련을 받을 정도로 열정적인 헌신자이기도 하다.

이 천국 복음이 모든 민족에게 증언되기 위하여 온 세상에 전파되리니 그제야 끝이 오리라 (마 24:14)

우리 교회는 주님의 명령에 순종하며 전 세계 미전도 종족 중 10개 종족을 입양해 그 종족이 복음화 되도록 하는 큰 비전을 품었다. 그 선한 목표를 위한 우리의 훈련과 미지의 땅을 향한 복음화 소망은 앞으로도 끊임없이 계속될 것이다.

여전히 전 세계에는 주님의 복음을 접하지 못한 채 죽어가는 수많은 미전도 종족이 있다. 그들에게 우리가 복음을 전하지 않는다면, 그것은 명백한 죄다. 주님께서 주신 지상명령에 불순종하는 큰 죄를 짓는 것이다. 주님은 땅 끝까지 이르러 증인이 되라고 하셨다. 그러니 우리 모두 그 말씀에 순종하며 복음을 들고 전진 또 전진해야 할 것이다.

## 믿음으로 취한 땅

처음 건축당시엔 교회 부지 800평 위에 지어진 500평의 벧엘성전이 너무 크게 느껴졌다. 이제 이것으로 건축은 끝나겠다 싶었다. 그런데 빠른 속도로 교인 수가 증가하니 성도들의 수용문제와 장차 아이들 교육을 위해 또 다른 건축이 필요했다. 그래서 우리의 힘으로 2차 성전건축에 돌입했다.

2000년 10월 11일, 벧엘성전 바로 뒤편의 땅, 918평을 구입하게 되었다. 그 이듬해 2001년 5월 6일 그 땅에 예심원을 기공했다. 2년 공사 후 2003년 1월에 준공허가를 받고, 바로 1층에 어린이집을 개원했다. 성도들의 기도로 교인수가 증가하고, 그로인해 교회 부지를 확장해 어린이집이 세워지는 등 눈에 보이는 열매들이 맺힌 것이다. 성도들은 그렇게 움직이는 교회를 체험하며 활기 있게 신앙생활을 했다.

벧엘성전 뒤편의 땅을 산지 7개월 만에 3차로 땅을 더 사게 되었다. 그땐 나도 성도들도 모두 힘들었다. 이성적으로 생각하자면 예심원 건축을 끝내고 빚도 해결하고 난 뒤 구입해야 마땅하다. 그런데 하나님이 교회를 급히 몰아가신 것이라 여겨진다. 나도 성도들도 전혀 준비하지 않은 일이 벌어졌는데, 그 사연은 이렇다.

2001년 5월 초순 무렵, 김현옥 장로님으로부터 급한 전화가 걸려왔다. 우리 벧엘성전 입구 요지의 땅이 알루미늄 창틀 공장을 세우려는 이에게 팔리게 되었다는 소식을 들었다는 것이다. 그러면 예배시간에 항상 알루미늄 원판을 재단하는 쇠톱소리가 요란할 텐데 걱정이라는 말까지 전하면서 말이다. 계획한대로 그들이 매매 계약에 들어가면 우리 교회가 영구히 타격을 보는 상황이었다.

나는 즉시 당회를 소집했다. 내가 들은 대로 상황을 자세히 설명했더니 빚을 내더라도 우리가 먼저 구입하자는 결정이 떨어졌다. 급히 계약금을 준비해 토지 주인을 찾아갔더니 다행히 먼저 온 우리에게 팔겠다는 것이다. 그렇게 3차 654평의 땅을 2001년 5월 15일에 매매계약 했다. 참 다행이라고 생각했다.

그런데 그 후가 문제였다. 교회 중직 권사님들을 중심으로 한 몇몇 분이 예심원 건축 중에 무리한 일을 하고 있다고 불평을 한다는 것이다. 당회원들의 상황인식이 권사님들에게 충분히 전달되지 않았기 때문에 일어난 일이었다. 나도 권사님들의 의견에 크게 동감했지만 교회 미래를 위해서는 당시

매입기회를 놓치면 안 될 것 같아 무리하게 결단했던 것이다.

그때 깨달은 것이 있다. 지도자들의 결단은 힘들고 외롭다는 것을 말이다. 구성원을 위한 결정이지만 늘 모든 이의 마음에 합한 결정을 내릴 수는 없다. 그 과정에서 상처를 입고 떨어져 나가는 구성원도 있고, 혹여는 지도자가 큰 상처를 입기도 한다. 하지만 지도자는 언제나 기도하는 마음으로 때론 힘들고 외로운 결정을 내려야만 한다.

결국 몇몇이 불만의 시선으로 바라보던 그 땅은 크게 축복받는 땅이 되었다. 그곳에 장애인 자립센터가 세워져서 사회복지의 깃발을 높이고 사회로부터 칭송을 받을 수 있었다. 그리고 교회 전체 부지가 독립부락을 이루게 되었다. 지금에 와서는 얼마나 다행인지 모른다. 당시 힘들었던 일이 영광스런 일이 된 것이다. 그 때 근본적으로 당회와 몇 분 권사님들의 생각의 차이는 10년 뒤를 볼 수 있느냐, 현재만을 보느냐의 차이였다. 개척자는 바로 앞뿐 아니라 멀리까지 보는 눈도 있어야 한다는 진리를 배웠다. 또 자기의 영예나 욕심을 채우기 위함이 아니라 순전히 교회 미래를 위해 성전 터를 확장하는 일은 주님의 은혜라는 확신이 왔다.

> 네 장막터를 넓히며 네 처소의 휘장을 아끼지 말고 널리 펴되 너의 줄을 길게 하며 너의 말뚝을 견고히 할지어다 (사 54:2)

지금도 가끔 그 땅을 바라보면서 알루미늄 창틀 공장을 상상해 볼 때가 있다. 만약 그때 주님께서 장로님을 통해 정보를 알려주시지 않았다면, 교회에서 빠른 결정을 내리지 않았다면, 몇몇 성도의 반대에 그 계획을 포기했더라면 어떻게 됐을까? 모든 것이 협력하며 선한 일을 이룬다는 주님의 말씀을 떠올렸다. 우리 교회에 큰 뜻을 품으시고 때에 맞는 은혜를 부어주신 하나님께 감사드린다. 하나님은 지금도 쉬지 않고 일하신다. 할렐루야!

## 부흥의 은혜를 선교의 씨앗으로

2004년, 드디어 교회창립 10주년을 맞았다. 꿈만 같은 일이었다. 1994년, 두 가정 5명이 드렸던 예배가 10년이 되어 수백 명으로 늘어난 것이 너무 놀라웠다. 모든 것이 하나님의 은혜 아니면 설명될 수 없는 기적 같은 일이었다. 사실 많은 선배 목사님들과 친구 목사들은 나의 개척이 어려울 것이라며 걱정들을 했었다. 당시가 시기적으로 개척이 어려운 때라는 이유였다.

"송 목사, 자네가 상당교회를 개척했던 80년대랑 지금은 달라. 그때처럼 잘 될 거라 생각하면 큰 오산이야. 90년대 지금은 어림없어."

"개척 지역이 서울 근교라면 모르겠지만 청주지역은 정말 힘들 텐데…."

"이제 송 목사 나이가 48세 아닌가? 30대라면 몰라도 지금은 어려울 거야."

나의 개척시기와 지역, 내 나이까지 들먹이며 안 된다고들 했다. 그런데 결과는 그들의 예상과 달리 너무도 풍성했다. 도저히 사람의 힘으로는 할 수 없는 일이었다.

교회 창립 10주년을 맞이한 그날, 얼마나 큰 은혜의 감동을 느꼈는지 모른다. 교회를 그렇게 부흥시켜주신 하나님의 은혜가 너무 컸음을 깨닫고 감사를 드렸다. 모든 걱정들은 다 부족한 인간들의 판단에서 나온 우려와 염려였을 뿐이다. 모든 것이 이미 하나님의 계획 속에 있었는데 사람들은 그것을 전혀 몰랐던 것이다. 또 하나님의 능력과 기적은 쇠하지 않는다고 굳게 믿었던 내 믿음대로 축복해주신 것이다. 누구든지 시기를 탓하지 말고, 기도가 부족함을 탓해야 할 것이다.

이는 내 생각이 너희의 생각과 다르며 내 길은 너희의 길과 다름이니라 여호와의 말씀이니라 (사 55:8)

교회는 한해 한해를 거듭하며 계속 성장과 부흥을 이뤄갔다. 매년 창립 기념 예배를 드릴 때마다 성도들과 나 자신에게 늘 이 질문을 던지곤 했다.

"하나님께서 왜 우리 교회를 세우셨는가?"

답은 이것이다. 하나님 나라를 확장하는 선교를 목표로 달려가게 하심으로 타 교회에 선한 영향력을 끼치시려고 하신 것이다. 대답도 만들어 본다.

"선교의식을 깨우는 교회가 되자!"

우리는 창립 기념일이 될 때마다 여러 행사들을 통해 하나님께서 그동안 우리 교회를 도우신 은혜들을 기억했다. 하나님께서 유대인들에게 해마다 유월절을 지킬 것을 명령하셨고, 백성들은 기쁘게 순종했던 모습이 우리 성도들 가운데 똑같이 그려졌다.

> 해마다 절기가 되면 이 규례를 지킬지니라 (출 13:10)

이스라엘 백성들은 유월절과 무교절을 통해 애굽의 종살이에서 해방해주신 하나님의 은혜를 기억했다. 우리도 주님을 몰랐던 종살이 인생에서 주님의 자녀 된 삶으로 우리를 해방시켜 주신 하나님의 은혜를 기억하며 감사의 찬송을 올려드렸다.

"하나님! 우리 교회를 세워주신 은혜를 꼭 기억하겠습니다."

나의 인생과 우리 교회의 역사 모두는 하나님의 은혜가운데 계속 되고 있다. 그 선하시고 아름다운 일들을 우리의 삶으로 증거 해야 할 것이다. 오늘도 여전히 쉬지 않고 일하시는 하나님, 그 하나님을 우리가 세상에 전해야 한다.

## 은혜를 덧입는 기도의 힘

사도 바울 이후 기독교 역사 가운데 가장 위대한 인물을 꼽으라면 누구든 주저하지 않고 이 사람을 말할 것이다. 바로 위대한 철학자이자 사상가였던 성 어거스틴 St. Augustine, 354~430이다.

그는 타고난 재능이나 은사가 뛰어났던 인물이 아니었다. 더욱이 왕족이나 귀족 가문은 더더욱 아니었다. 당시 로마 제국의 식민지였던 북아프리카의 작은 마을인 타가스테 Thagaste의 평범한 집안-이교도였던 아버지와 신앙심 좋은 어머니 모니카 사이-에서 태어났다.

어거스틴은 어머니 모니카의 사랑 속에서 기도의 눈물을 먹으며 성장했지만, 어머니의 기대와는 반대로 늘 사고뭉치였다. 하나님을 애써 외면하며 젊은 시절을 방탕과 혼돈 속에서 살았다. 17살 때 고향을 떠나 큰 도시인 카르타고 Carthage

에서 10여 년 동안 이름도 모르는 낯선 여자와 동거하며 죄악으로 가득한 생활을 했고, 마니교라는 이교 철학에 빠져 기독교 신앙을 완전히 잊으려 노력하기도 했다. 28살 때에는 어머니를 속이고 더 큰 세상에서 출세하겠다며 당시의 가장 큰 도시인 로마로 떠나게 된다. 그 후로도 한동안 그는 신앙을 벗어나 타락과 방탕의 극치를 보여주는 삶을 살았다. 이렇게 청년기를 보냈던 그를 두고 장차 '서양의 가장 위대한 교부'가 되리라고 예상한 사람은 아무도 없었다.

그런 그가 31살이 되던 해 밀라노로 건너가 암브로우스Ambrose 주교를 만나 그의 설교를 통해 감동을 받는다. 그 일은 그가 하나님을 다시 바라보게 하는 계기가 되었고, 2년 뒤 어거스틴은 회심하게 된다. 드디어 진정한 기독교인으로 거듭나게 된 것이다. 이후 어거스틴은 북아프리카로 돌아와 아프리카 사람들을 위해 살기 시작했다. 그는 '하나님의 종'으로 무지하고 불쌍한 사람들을 하나님께 인도하며 살았으며, 히포Hippo의 감독으로 세상을 떠날 때까지 하나님을 더욱 깊이 이해하고자 진리를 탐구하는 일에 정진했다. 그는 자신이 이런 사명자가 될 수 있었던 비밀을 마지막 회고록에 이렇게 기록하고 있다.

「그것은 어머니의 기도 때문입니다. 나는 이 사실을 주저 없이 인정합니다. 하나님께서 내게 진리 발견이 무엇보다 중요하다는 마음, 그밖에 아무것도 바라지 않고, 그밖에 아무것도 생각하지 않고, 그밖에 아무것도 사랑하지 않는 마음을 주신 것은 어머니의 기도 덕분입니다. 그렇게 큰 유익을 볼 수 있도록 한 것이 어머니의 기도였음을 나는 의심치 않습니다. 하나님이여, 제가 아버지의 아들이 되었다면 그것은 오직 아버지께서 제게 이런 어머니를 주셨기 때문입니다.」

어거스틴은 무려 30년이 넘는 기간 동안 육체의 향락과 세속적인 사교, 이교 철학 등을 탐닉하며 살았다. 그렇게 타락했던 그를 일깨워 역사에 길이 남을 인물로 만들었던 것은 다름 아닌 어머니 모니카의 '기도'였다. 어머니의 끈질기고 간절한 기도가 하나님의 은혜가 되어 아들 어거스틴을 변화시킨 것이다.

그렇게 간절한 기도는 불가능을 가능케 하는 엄청난 힘이 있다. 사망을 생명으로 바꾸며, 막힌 것을 풀어내고, 굽은 것을 펴서 회복시키는 강력한 힘이 있다. 우리 삶에서 그런 위대하고 막강한 힘을 경험하지 못했다면 그것은 우리가 기도하지 않았기 때문이다. 간절히 애타게 부르짖지 않았기 때문이다.

이런 서양속담이 있다.

"포기하지 않는 개구리가 버터를 만든다."

개구리 2마리가 우유 통에 빠졌는데 한 마리는 포기해서 죽고, 다른 한 마리는 포기하지 않고 열심히 다리를 저어 우유가 버터로 굳어져 살아 나왔다는 우화에서 나온 속담이다.

기도한다는 것은 곧 하나님을 믿는다는 것이다. 우리는 하나님을 믿음에 있어 한두 번의 실패로 절대 포기해서는 안 된다. 계속 간절히 기도하다보면 내 자신이 변화되고 강해지며, 주변의 환경이 변화하고, 그렇게 모든 것이 하나하나 변화하게 된다. 성경에 나오는 수많은 믿음의 선배가 이미 걸어온 길이고, 나 역시 그런 기도의 힘으로 하나님의 은혜를 경험하며 여기까지 살아왔다.

우유가 버터로 변하는 것은 기적이 아니다. 포기하지 않고 간절히 기도했기에 일어난 당연한 변화였을 뿐이다. 이제 그 변화가 우리 삶에 충만히 넘치길 기도한다.

## 땅 끝까지 내 증인이 되리라

오직 성령이 너희에게 임하시면 너희가 권능을 받고 예루살렘과 온 유대와 사마리아와 땅 끝까지 이르러 내 증인이 되리라 하시니라 (행 1:8)

선교는 내 인생의 비전이자 우리 교회의 사명이다. 미국 땅에서 목회를 하던 중 선교에 대한 비전과 중요성을 깨달았다. 이전까지 선교는 등한시한 채 교회의 외적 성장에만 급급했던 내 자신을 회개하면서 말이다.

1884년, 선교의 사명을 품은 푸른 눈의 선교사들이 이 땅에 들어왔다. 그들은 복음을 위해 안락하게 살 수 있는 권리와 행복을 포기했다. 자신을 박해하고 비난하는 이들을 위해 자기의 삶을 기꺼이 내던졌다. 만약 그들의 고귀한 헌신이 없었다면 우리가 지금 어찌 구원의 은혜를 입을 수 있었겠는가. 그들의 헌신과 결단이 있었기에 우리가, 내가 이렇게 하나님을 알 수 있게 되었고, 그 은혜의 축복을 누릴 수 있었다.

그렇다고 그들이 우리에게 복음을 전할만큼의 여유와 충분한 준비가 된 상태였을까? 모든 만반의 준비를 다 마친 후에 우리에게 왔을까? 전혀 그렇지 않을 것이다. 자신들의 환경이나 상황이 부족해도 그들은 하나님을 전하고 싶은 복음에 대한 열정이 가장 우선이었다. 삶의 그 어떤 것도 복음에 대한 열망을 따를 것은 없었다. 그것이 그들이 삶을 던진 원동력이었을 것이다. 그들을 묵상하며 나는 깨달았다. 선교는 내가 부흥하고 모든 준비가 완벽히 된 상태에서 하는 것이 아니라 어려운 상황에서도 어떻게든, 나중이 아닌 즉시로 행해야 한다는 것을 말이다.

예수께서 이르시되 내가 진실로 너희에게 이르노니 나와 복음을 위하여 집이나 형제나 자매나 어머니나 아버지나 자식이나 전토를 버린 자는 현세에 있어 집과 형제와 자매와 어머니와 자식과 전토를 백 배나 받되 박해를 겸하여 받고 내세에 영생을 받지 못할 자가 없느니라

(막 10:29-30)

하나님은 지금도 그런 사람들을 찾고 계신다. 복음을 위해 자신의 모든 것을 아낌없이 바칠 수 있는 그런 한 사람을 찾으신다. 이 땅에 아직도 주님의 복음을 듣지 못하고 알지 못해 죽어가는, 수많은 미전도 종족들의 고통에 함께 아파하시기 때문이다.

그래서 우리 교회는 선교를 위해 재정의 65% 이상을 사용하며, 선교지향적인 교회의 비전을 해마다 각인하고 있다. 또한 파송된 선교사들과 함께 사역할 것이 무엇인지를 고민하고 구체적인 방법을 실천하고 있다.

첫째는 선교사들의 재정 지원을 위해 교회 자체 사업비를 절제하는 정책을 시행했다. 더 주기 위해 아끼는 것이다. 보통의 교회에서 지급되는 교사나 찬양대원의 모임 회식비와 상조비를 모두 없앴고, 찬양대 반주자와 지휘자의 사례비도 지급하지 않았다. 온 대원과 함께 받은 은사를 거저 드리자는 취지였다. 대형버스도 구입하지 않고, 성도들의 개인 승용차

에 새 교우들을 합승시키는 운동을 벌였다. 주일 점심은 순별로 비용 조달과 봉사까지 책임지기로 했고, 교회 냉난방을 위한 비용을 절약형으로 운영했다. 결코 쉽지 않은 일들이었는데 온 성도들이 절약 운동의 취지를 이해하면서부터 협조가 잘 되고 있다.

선교도 물질이 있어야 하며 계획된 사업을 이룰 수 있다. 그래서 송금하는 일에 신경을 써왔다. 그 결과 교회가 선교를 시작한 날부터 지금까지 선교비를 하루도 늦춘 일이 없다. 1997년 우리나라를 덮친 I.M.F 위기 때도 늦추지 않았다. 당시 교회당 건축비 부채를 상환하고 있던 터라 이자가 고금리로 올라가서 잠시 걱정을 했었다. 그렇다보니 제직회를 통해 선교비를 몇 년 유예하는 문제가 논의되기도 했지만 통과하지 못했다. 온 성도가 교회가 어려워도 계속 지원하기를 원했던 것이다. 그 뒤 지금까지 60여 선교사의 선교비는 정한 날에 계속 보내지고 있다. 이 또한 하나님의 은혜로 가능했다. 항상 송금일 직전 주일까지 선교비를 보낼 수 있도록 채워주셨다. 하나님의 섬세한 손길을 느낄 수 있었다.

둘째는 기도 지원이다. 하나님의 사역이 무엇이든지 기도 없이 어떻게 이루어지겠는가! 적은 재정 후원만으로는 안 될 것 같아서 기도 운동을 함께 펼쳤다. 선교사 한 가정과 한 순과의 자매결연을 한 후 순 예배 때마다 통성으로 기도하는 것이다. 그리고 메일을 주고받으며 기도 제목을 파악하고, 선교사님이 귀국해서 교회를 방문하면 순에서 초청 예배도 드리고 식사도 하며 교제를 하고 있다. 또한 남녀 선교회와 한 선교사를 연결했다. 남선교회와 여선교회에 선교사 한 가정씩을 연결해서 집중으로 기도를 하면, 선교사님은 이중으로 기도 지원을 받는 셈이다. 소액의 재정 후원보다 100배 이상의 더 큰 도움이 될 것을 믿고 있다. 선교사를 책임지고 기도하다가 재정 후원을 하는 사회 기관까지 포함해서 기도하고 있다.

> 또 나를 위하여 구할 것은 내게 말씀을 주사 나로 입을 열어 복음의 비밀을 담대히 알리게 하옵소서 할 것이니 (엡 6:19)

나에겐 꿈이 하나 있다. 하나님이 허락하시는 대로, 내 힘이 닿을 때까지 세계 선교를 하는 것이다. 지금도 수많은 선교사가 전 세계 오지에서 영혼구원에 대한 소명 하나로 목숨을 걸고 그들의 인생을 바치고 있다. 그들에게 내가 받은 은혜와 사랑을 전하고자 한다. 피곤하고 지친 선교사들에게는 위로와 격려로 그들의 사역을 응원하고, 무인고도에 떨어져 외로움과 싸우고 있는 선교사들에게는 다정한 형이자 가족이 되어 그들을 돕고 싶다.

하나님은 우리가 세상 모든 사람들에게 당신을 전하길 원하신다. 하나님의 그 마음을 깨달은 믿음의 선배들이 이미 오래전부터 그 일에 목숨을 걸지 않았는가. 그 거룩한 사명에 우리도 순종하며 믿음의 길을 걸어야 한다. 그것이 하나님께서 우리에게 주신 무조건적인 사랑과 은혜에 조금이나마 보답할 수 있는 길이기 때문이다.

## 사람의 끝, 하나님의 시작

2017년, 내 나이 70세. 법정은퇴년이 되었다. 막연하게 생각하던 은퇴가 눈앞으로 다가오니 만감이 교차했다. 초등학교 5학년 시절, 처음 교회에 발을 디딘 그날부터 아버지께 매를 맞고 쫓겨나 교회 기도실에서 눈물로 기도하던 일, 배고픔과 가난에 허덕이면서도 기쁨으로 신앙생활을 하며 수많은 열매와 기적을 맛보았던 것을 생각하니 절로 눈시울이 붉어졌다.

'아, 나 같은 죄인을 하나님께서 이토록 사랑하셨구나!'

은혜가 아니었다면 지난 수십 년의 시간동안 어쩌면 나는 목숨조차 부지할 수 없었을지도 모른다. 그런 나를 하나님께서 사랑하셔서 지켜 보호하시고, 때에 맞는 은혜와 축복으로 주님의 길을 걷게 하신 것이다.

목회여정을 정리하면서 무엇보다 후임 목사 인선에 대해

걱정이 되었다. 훌륭한 후임자를 모셔놓고 강단을 떠나는 일이 무엇보다도 중요한 마지막 사역이라 생각했기 때문이다.

"하나님! 훌륭한 목회자를 가리고 뽑는 일이 사람으로서는 어렵습니다. 꼭 하나님께서 주관하셔서 하나님의 마음에 맞는 종을 세워 주세요. 그래서 우리 교회가 더 부흥되고 행복한 교회가 되게 해 주세요."

간절한 마음으로 기도하며 청빙위원회를 세우고, 후보자를 받기 시작했다. 먼저 지원서류를 통해 12분을 엄선하고, 그 뒤 영상 설교를 통해 6분으로 간추린 후 면접위원들의 면접을 통해 최종 3분을 선택했다. 그 뒤 본 교회 오전과 오후 예배 두 차례 직접 설교를 들은 후 제직들 전원이 투표했다. 2017년 5월, 드디어 하나님의 뜻이 나타났다. 하나님께서 온 교회가 기도하며 기다렸던 후임 목사님을 보여주신 것이다. 그분이 탁신철 목사님이다. 인천 주안장로교회에서 부교역자로 장기간 섬기시던 목사님이셨다. 온 성도들이 기뻐하며 감사드렸다.

전임 목회자가 후임 인선에 간섭함으로 교회에 분란이 일어나는 것을 여러 번 봐왔기에 나는 처음부터 모든 것을 당회가 결정하도록 위임했다. 나는 오직 뒤에서 기도만 드렸다. 어떤 결과든 하나님께서 계획대로 이루실 것을 확신했다. 그 결과 모든 성도가 기뻐하는 인선이 이루어졌다. 교회 역사상

가장 중요한 문제에 대한 기도응답을 받은 것이다.

탁 목사님은 7월부터 부임하셔서 나와 공동 사역을 하셨다. 공동 사역을 하는 동안 우리 관계는 신뢰의 관계로 발전했다. 나는 끝까지 착한 전임자가 되길 원했고, 탁 목사님은 겸손한 후임자 되길 원하셨던 것 같다. 이 모습을 하나님도 기뻐하셨을 것 같다. 우리 교회가 개혁하는 교회로의 모범도 이런 것이 아닌가 생각해 보았다.

은퇴식 전 중점적으로 지원하는 선교 지역만이라도 돌보고 싶어서 동경 김종탁 선교사를 시작으로 태국 이영로 선교사, 인도네시아 이진현 선교사, 마지막 방글라데시 변영수 선교사를 찾아 격려하고 돌아왔다. 그들에게 나는 영원한 지원자이자 동역자가 되어줄 것이다.

2017년 10월 15일, 마지막 주일 은퇴설교를 하고, 10월 21일에 은퇴식을 거행했다. 은퇴식 내내 우리 교회의 은퇴식 이야기가 아름다운 향기가 되어 세상에 전파될 수 있게 해 달라고 기도했다. 여러 교회에서 전해졌던 부정적인 이야기를 완전 날려버리고 싶은 심정이었다. 은퇴 후 내 앞날에 대한 걱정은 이미 하나님께 다 맡긴 상태였다. 하나님의 은혜를 받으며 부름 받는 날까지 더 성숙해 지기를 바랄 뿐이다. 그리고 주님의 음성에 따라 내가 할 수 있는 작은 일에 시간과 몸을 드리길 소망한다.

2000년도에 위임목사로 세워지던 날, 남은 17년의 목회에 대한 다짐을 새롭게 하며 70세 은퇴식의 고별사를 그려본 적이 있다.

'떠나는 날에 나는 어떤 고별사를 전할 수 있을까. 삶으로, 혹은 말로 어떤 의미 있는 것들을 남기고 떠날 수 있을까.'

사도행전 20장에는 사도 바울이 밀레도 항구에서 에베소 교회 장로들에게 마지막 고별사를 하는 장면이 나온다.

"나의 달려갈 길과 주 예수께 받은 사명, 곧 하나님의 은혜의 복음 증거하는 일을 마치려 함에는 나의 생명을 조금도 귀한 것으로 여기지 아니하노라."

그는 이런 고별사를 했고, 그 고별사대로 살다 갔다.

바울이 밀레도에서 사람을 에베소로 보내어 교회 장로들을 청하니 오매 그들에게 말하되 아시아에 들어온 첫날부터 지금까지 내가 항상 여러분 가운데서 어떻게 행하였는지를 여러분도 아는 바니 곧 모든 겸손과 눈물이며 유대인의 간계로 말미암아 당한 시험을 참고 주를 섬긴 것과 유익한 것은 무엇이든지 공중 앞에서나 각 집에서나 거리낌이 없이 여러분에게 전하여 가르치고 유대인과 헬라인들에게 하나님께 대한 회개와 우리 주 예수 그리스도께 대한 믿음을 증언한 것이라 보라 이제 나는 성령에 매여 예루살렘으로 가는데 거기서 무슨 일을 당할는지 알지 못하노라 오직 성령이 각 성에서 내게 증언하여 결박과 환난이 나를 기다린다

하시나 내가 달려갈 길과 주 예수께 받은 사명 곧 하나님의 은혜의 복음을 증언하는 일을 마치려 함에는 나의 생명조차 조금도 귀한 것으로 여기지 아니하노라 보라 내가 여러분 중에 왕래하며 하나님의 나라를 전파하였으나 이제는 여러분이 다 내 얼굴을 다시 보지 못할 줄 아노라 그러므로 오늘 여러분에게 증언하거니와 모든 사람의 피에 대하여 내가 깨끗하니 이는 내가 꺼리지 않고 하나님의 뜻을 다 여러분에게 전하였음이라 여러분은 자기를 위하여 또는 온 양 떼를 위하여 삼가라 성령이 그들 가운데 여러분을 감독자로 삼고 하나님이 자기 피로 사신 교회를 보살피게 하셨느니라 내가 떠난 후에 사나운 이리가 여러분에게 들어와서 그 양 떼를 아끼지 아니하며 또한 여러분 중에서도 제자들을 끌어 자기를 따르게 하려고 어그러진 말을 하는 사람들이 일어날 줄을 내가 아노라 그러므로 여러분이 일깨어 내가 삼 년이나 밤낮 쉬지 않고 눈물로 각 사람을 훈계하던 것을 기억하라 지금 내가 여러분을 주와 및 그 은혜의 말씀에 부탁하노니 그 말씀이 여러분을 능히 든든히 세우사 거룩하게 하심을 입은 모든 자 가운데 기업이 있게 하시리라 내가 아무의 은이나 금이나 의복을 탐하지 아니하였고 여러분이 아는 바와 같이 이 손으로 나와 내 동행들이 쓰는 것을 충당하여 범사에 여러분에게 모본을 보여준 바와 같이 수고하여 약한 사람들을 돕고 또 주 예수께서 친히 말씀하신 바 주는 것이 받는 것보다 복이 있다 하심을 기억하여야 할지니라 (행 20:17-35)

내 목회여정은 그렇게 끝을 맺었다. 그러나 나는 이것이 끝이 아님을 알고 있다. 사람의 끝이 하나님께는 곧 새로운 시작임을 믿기 때문이다.

이제 주님이 부르신 새로운 곳, 그곳이 어디든지 나는 또다시 그곳에서 예배하며 순종할 것이다. 그리고 내가 전한 마지막 고별사대로 끝까지 나의 모든 것, 생명까지라도 바쳐 은혜의 복음을 전하는 일에 주저하지 않을 것이다.

| 마치며

모든 인간의 인생은 하나님이 주관하시고 인도하신다. 그분만이 유일한 창조자시기 때문이다. 하지만 하나님을 인정하는 사람이 있고, 인정하지 못하는 사람이 있다. 왜 그럴까?

　예수 그리스도를 영접하여 눈이 열린 사람은 자연히 하나님께서 인생의 주관자이심을 믿고 의지하며 기대한다. 그러나 영적인 맹인이 되면 하나님이 보이지 않는다. 오직 나만 보인다. 그래서 '모든 것이 내 노력으로 된 것이다.', '내 공이다.'라며 어리석은 주장을 펼치곤 한다.

…한 부자가 그 밭에 소출이 풍성하매 심중에 생각하여 이르되 내가 곡식 쌓아 둘 곳이 없으니 어찌할까 하고 또 이르되 내가 이렇게 하리라 내 곳간을 헐고 더 크게 짓고 내 모든 곡식과 물건을 거기 쌓아 두리라 또 내가 내 영혼에게 이르되 영혼아 여러 해 쓸 물건을 많이 쌓아 두었으니 평안히 쉬고 먹고 마시고 즐거워하자 하리라 하되 하나님은 이르시되 어리석은 자여 오늘 밤에 네 영혼을 도로 찾으리니 그러

면 네 준비한 것이 누구의 것이 되겠느냐 하셨으니 자기를 위하여 재물을 쌓아 두고 하나님께 대하여 부요하지 못한 자가 이와 같으니라
(눅 12:16-21)

여기 어리석은 부자는 내가 농사를 지어 대풍을 이루었다고 생각한다. 하나님이 보이지 않았기 때문이다. 하나님께서 햇빛도 비도 주시지 않았다면 농사가 될까? 비를 주시되 이른 비와 늦은 비를 적당하게 주시지 않았다면 대풍이 되었을까? 모든 것은 하나님의 작품이다. 하나님께 감사해야 하는 것이다.

내 인생도 여기까지 모든 것이 하나님의 작품이다. 어려움 가운데서도 하나님께서 부어주신 이른 비의 은혜로 목회자가 되었고, 늦은 비의 은혜로 무난하게 목회를 은퇴할 수 있었다. 이것이 믿어지고 확신되니 감사할 뿐이다. 내가 힘써서 된 것이 아니기 때문에 더욱 겸손해야 한다. 또 남은 생애를 위해서도 무조건 힘쓴다고 될 것이 아니기 때문에 먼저 더욱 아름답

게 이루시는 하나님을 신뢰하며 앙망해야 할 것이다.

우리가 알거니와 하나님을 사랑하는 자 곧 그의 뜻대로 부르심을 입은 자들에게는 모든 것이 합력하여 선을 이루느니라 (롬 8:28)

우리는 선을 이루실 하나님 앞에서 잠잠히 침묵해야 한다. 때론 이해되진 않는 일이 있더라도 믿음을 가지고 끝까지 침묵하며 기도해야 한다. 하나님은 분명히 선을 이루실 것이기 때문이다. 과일은 완숙해야 달다. 설익으면 맛이 없다. 적은 열매라도 단맛을 내야 과일의 가치가 있다. 이제 주님 앞에 서기까지 내 인생이 가치 있게 익어가는 축복이 있길 간절히 소망한다.

나는 만 가지 은혜를 받은 자다. 지금까지 내 인생을 만들었고, 계속 만들고 계신 분은 내가 아닌 하나님 아버지시임을 믿는다. 그 하나님께 소리 높여 찬양을 드린다. 할렐루야!

## 은혜 아니면

**지은이**     송석홍

2018년 10월 1일 1판 1쇄 펴냄

**펴낸곳**     도서출판 예수전도단
**출판 등록**  1989년 2월 24일(제2-761호)
**주소**       서울특별시 마포구 성지 1길 7 (합정동)
**전화**       02-6933-9981 · **팩스** 02-6933-9989
**전자우편**   publ@ywam.co.kr
**홈페이지**   www.ywampubl.com

ISBN 978-89-5536-573-3

책값은 뒤표지에 있습니다.
잘못된 책은 바꾸어 드립니다.